Markus Fohr
Noch besser leben mit Bier

CIP-Einheitsaufnahme der Deutschen Bibliothek
Fohr, Markus
Noch besser leben mit Bier

Imprimatur Verlag Rudolf Kring, Lahnstein

1. Auflage 2012
ISBN 978-3-9813195-5-2

Copyright © 2012 by Markus Fohr, Lahnstein

Satz und Litho: Martin Kring, Lahnstein
Schrift: Frutiger
Umschlaggestaltung: Herr Maylahn, Visuelle Kommunikation, Bendorf-Stromberg
Druck und Einband: Dimograf Customer Vision, Wien

Markus Fohr

Noch besser leben mit Bier

Erstaunliches, Wissenswertes und Humorvolles
aus der zauberhaften Welt des Bieres

imprimatur verlag

Noch besser leben mit Bier
Erstaunliches, Wissenswertes und Humorvolles aus der zauberhaften Welt des Bieres

Nach **„Besser leben mit Bier"** eine noch unterhaltsamere „Bierbel"
von Dr. Markus Fohr

Gewidmet allen, die jeden Tag dazu beitragen,
dass ich mein Leben genau so leben darf, wie es mir Spaß macht:

Meinen Kindern Viktor, Maja und Felix sowie meiner Frau Donka,
meinen Eltern Hannelore und Dr. Rainer Fohr,
meinen Freunden,
meinen Bundesbrüdern (Eingeweihte kennen den Unterschied),
dem Team meiner Lahnsteiner Brauerei
und all denen, die gerne ein leckeres Lahnsteiner Bier genießen.

Danken möchte ich insbesondere denen, die sich besonders für „Besser leben mit Bier" eingesetzt und mich damit zu „Noch besser leben mit Bier" ermutigt haben sowie allen, die durch ihre Anregungen dieses Werk mit gefüllt haben:

Dem Imprimatur Verlag Lahnstein und seinem Inhaber Rudolf Kring,
der dieses Buch – und auch seinen Vorgänger, von Bits und Bytes in ein ansehnliches Druckwerk umgewandelt hat.

Dem Getränke-Fachverlag Hans Carl, Nürnberg, insbesondere meinem Kollegen, Consemester und heutigen Inhaber des Verlages, Michael Schmitt,

Herrn Dr. Karl-Ullrich Heyse, Herausgeber der Brauwelt,

Herrn Manfred Benner für die Anregung zum Kapitel über das „Bierzapfen",

Ulrike und Dr. Peter Jost für das mittlerweile vergriffene Buch „Bier im Wort", aus dem mehrere sehr vergnügliche Quellen dieses Buches stammen,

Dr. Andreas Weideneder für die Unterstützung bei der Vermarktung meines ersten Buches sowie für den Beitrag zu diesem Buch

und allen anderen, die mitgeholfen haben:
Dietrich Sommerfeld, Frank Joerg Müller, Peter Strunk

Inhaltsverzeichnis

Vorwort

Vor etlichen Jahren kam mir die Idee, im Rahmen meiner bescheidenen Möglichkeiten die Welt zu verbessern, und so schrieb ich ein Buch mit dem Titel „Besser leben mit Bier". Dieses, so titelte später die Presse, präsentierte „eine ganz neue Sichtweise des Volksgetränks Bier".

Ganz so schlecht kann es offenbar nicht gewesen sein. Es fand sich nicht nur ein Verlag, der es im Jahre 2008 druckte, und es sogar drei Jahre später noch einmal druckte, sondern es fanden sich auch viele fröhliche Zeitgenossen, die es lasen und anschließend besser lebten. Viele von ihnen haben sich mir mitgeteilt und mir viele Anregungen zum Thema gegeben.

Insbesondere tauchten immer wieder drei Fragen auf, die sich dermaßen penetrant wiederholten, dass ich sie hier bereits im Vorwort beantworte. Vorab aber die Frage, die mit an Sicherheit grenzender Wahrscheinlichkeit mit diesem neuen Buch neu hinzukommen wird:

Frage 0: Was ist das Besondere an „Noch besser leben mit Bier"?
Die neue „Bierbel" verfolgt die Idee, Erstaunliches, Wissenswertes und Humorvolles aus der Welt des Bieres in einem unterhaltsamen Stil zu präsentieren. Diese Idee stimmt mit der von „Besser leben mit Bier" überein.

Die Inhalte von „Noch besser leben mit Bier" sind jedoch neu. Manche Kapitel wie „Noch besseres Sexualleben mit Bier" erinnern zwar vom Titel her an Kapitel aus „Besser leben mit Bier", greifen aber deren Inhalt lediglich in einem einleitenden Satz wieder auf, um dann neue Erkenntnisse zum Thema zu präsentieren.

Der Leser muss also die erste Bierbel nicht gelesen haben, um die zweite in vollen Zügen genießen und anschließend noch besser leben zu können. Vorkenntnisse sind ebenfalls nicht notwendig. Es ist lediglich von Vorteil, des Lesens selbst mächtig zu sein. Wie die Leserschaft von „Besser leben mit Bier" bestätigt, ist das Werk auch für alle vom Laien bis zum Professor des Brauwesens interessant.

„Noch besser leben mit Bier" ist weniger historisch als „Besser leben mit Bier", und es ist ein wenig professioneller geworden. Die Kapitel sind bunter, kürzer und prägnanter. Sie enthalten mehr Fotos und Skizzen.

Kurz gesagt – es gibt nichts, was ein Bierbrauer nicht noch besser machen kann. Noch nicht einmal „(Noch) Besser leben mit Bier". Leben und lesen Sie selbst und genießen Sie dabei am besten ihr wohltemperiertes Lieblingsbier.

Frage 1: Haben Sie „Besser leben mit Bier" selbst geschrieben?

Ja. Das gilt auch für „Noch besser leben mit Bier".

Frage 2: Wie lange hat es gedauert, „Besser leben mit Bier" zu schreiben?

Fast 39 Jahre. „Besser leben mit Bier" ist kein Buch, das aus der Absicht heraus entstand, ein Buch zu schreiben. „Besser leben mit Bier" ist der Extrakt eines Brauerlebens. Von Geburt an drehte sich mein Leben entscheidend um das Thema Bier.

Manchmal drehte ich mich oder meine Umwelt sich um mich wegen Bier. Und immer wieder beschäftigte ich mich mit Ansichten des Bieres, die in dieser Form noch nie veröffentlicht wurden.

So waren etwa die Kapitel über das Bierbrauen in Lahnstein und das Bierbrauen im Rheinland ursprünglich Vorträge zum 65. und 70. Geburtstag meines Vaters. Das Kapitel „Besser fragen mit Bier" ist eine Sammlung von Fragen, die mir immer wieder bei Brauereibesichtigungen gestellt wurden.

Der Startschuss für „Besser leben mit Bier" fiel dann vor einigen Jahren beim Gespräch mit meinem ehemaligen Kollegen Privat-Dozent Dr. Winfried Ruß. Dieser erzählte mir, dass er seine Habilitation (eine Vorstufe zum Professor) geschrieben hat, indem er seine wissenschaftlichen Veröffentlichungen aus vielen Jahren in eine sinnvolle Reihenfolge brachte und dazu noch eine Einleitung und eine Zusammenfassung verfasste. Da dachte ich mir: „Das kannst du auch".

2005 entstand der erste Rohling. 2007 hatte ich die Zusage des Imprimatur-Verlags, das Werk gemeinsam herauszubringen. Nach Abschluss der Feinarbeiten war es am 14. März 2008 soweit, dass „Besser leben mit Bier" erschien.

Frage 3: Was ist das Besondere an „Besser leben mit Bier"?

Diese Frage musste kommen, denn sie ist eine logische Frage. Es gibt schon sehr viele Bücher über das Thema „Bier" – wozu also noch ein weiteres schreiben?

➤ Weil es kein anderes Buch gibt, das „Bier" auf so breiter Basis angeht und dennoch kurz, informativ und humoristisch bleibt. Die meisten anderen Bücher fokussieren sich auf Teilaspekte.

- ➢ Weil es kein anderes Buch gibt, das „Bier" mit Themen wie der Sexualität, dem Tod, dem Studium, dem Hörvermögen oder dem Marathon laufen in Verbindung bringt.
- ➢ Weil es kein anderes Buch gibt, das mit Legenden wie dem „Sieben-Minuten-Pils", dem Bierbauch oder dem oft hohen Fassbierpreis konsequent aufräumt.
- ➢ Weil es kein anderes Buch gibt, das für den Laien wie für den Fachmann genauso unterhaltsam wie informativ ist.

So kam, was kommen musste.

Über die Jahre sammelten sich bei mir viele interessante, fröhliche, nützliche Momente übers Bier und mit dem Bier bis zu dem Tag, an dem mir auffiel: Die Sache hat wieder Buchstärke erreicht.

In der Tradition meines Erstlingswerkes war auch ein Titel schnell gefunden, denn dieses Werk musste einfach „Noch besser leben mit Bier" heißen.

Bei „Noch besser leben mit Bier" verlief allerdings alles etwas schneller. Interessantes Material kommt immer öfter von alleine zu mir, indem Sie, meine lieben Leser, es mir zusenden. Interessantes Material beschaffe ich mir immer öfter und schneller durch die Vielzahl an Bierseminaren zu speziellen Themen, die wir inzwischen von der Lahnsteiner Brauerei aus anbieten. Das Zusammenstellen war ja schon ein bekannter Weg, der 2012, nur vier Jahre nach der ersten Bierbel, zur zweiten führte.

Mit diesem Werk wünsche ich Ihnen viel Vergnügen und wer weiß, vielleicht lesen wir uns ja irgendwann einmal wieder.

Dann unter dem Titel „Noch viel besser leben mit Bier".

Der Autor

Dr. Markus Fohr, Jahrgang 1969, kann auf einen stattlichen Stammbaum von zehn Bierbrauergenerationen zurückblicken. Mindestens seit 1667 brauen die Fohrs in ununterbrochener direkter Erbfolge Bier. Dass dieses ein langes Leben und stets männliche Nachkommen sichert, ist damit wohl bewiesen.

Das Bier wurde dem Autor also bereits in den Genen mitgegeben. 1988 begann er, diese durch eine Lehre als Brauer und Mälzer in der heimischen Lahnsteiner Brauerei, bei der Weissheimer Mälzerei in Andernach und beim Unertl Weißbräu in Haag in Oberbayern zu trainieren. Die ersten Erfolge machten Lust auf mehr, und so nahm der

Autor Dr. Markus Fohr
(Foto: Christoph Derdzinski)

frisch gebackene „Jungbursche" bald das Studium des Brauwesens und der Getränketechnologie in Weihenstephan bei München, dem „Mekka der Bierbrauer", auf. Dort blieb er von 1990 bis 1998 und verließ Weihenstephan als jüngster Doktor-Ingenieur seines Jahrgangs. Nach einer Zwischenstation bei der Bitburger Brauerei kehrte Dr. Markus Fohr 1999 in die Heimat zurück und leitet seitdem zusammen mit seinem Vater Dr. Rainer Fohr die Lahnsteiner Brauerei.

Daneben ist der Autor seit 1995 als freier Journalist tätig – sozusagen ein meist fachbezogenes Hobby. Daraus entstanden zahlreiche Beiträge in der „Brauwelt", dem Fachmagazin der Bierbrauer, und in anderen Fachzeitschriften. 1998 erschien seine Doktorarbeit als Buch mit dem Titel „Weiterentwicklung der thermischen Brüdenverdichtung bei der Würzekochung in der Brauerei" – auch für Brauer schwer verdauliche Kost. 1999 war Dr. Markus Fohr Mitautor beim „Praxishandbuch der Brauerei", bevor 2008 mit „Besser leben mit Bier" das erste populärwissenschaftliche Buch erschien. Weitere Beiträge erschienen in den Sportmagazinen „Running" sowie „Marathon und mehr". Dr. Markus Fohr ist Mitglied im Technischen Ausschuss des Deutschen Brauer-Bundes e. V. sowie Vorsitzender des Historientürme Lahnstein und der Studentenverbindung Lichtenstein zu Freising Weihenstephan.

Dr. Markus Fohr ist verheiratet und Vater von drei Kindern. Falls er sich einmal weder mit dem Bier noch mit seiner Familie beschäftigt, ist er mit seinen Laufschuhen oder mit dem Motorrad unterwegs.

Noch besseres Wissen über Bier

Jetzt mal Hand aufs Herz, wussten Sie:

- dass von den ältesten noch aktiven Unternehmen Deutschlands über 80 % Brauereien sind? [1]

- dass die deutschen Bundesländer sowie der Bund alleine im Jahr 2007 von den jeweiligen Erzeugern 760 Millionen € Biersteuer, 2.000 Millionen € Branntweinsteuer, 400 Millionen € Schaumweinsteuer und 1.100 Millionen € Kaffeesteuer kassierten, aber 0 € (in Worten null € !!) aus der Weinsteuer? (Quelle: Statistisches Bundesamt www.destatis.de)

- dass es im Bamberger Raum am 6. Januar, dem Dreikönigstag, den Brauch des „Stärk antrinken" gibt? Man trifft sich zum gemeinsamen Bier trinken, um sich für das kommende Jahr zu wappnen, sprich „Stärke anzutrinken". Ob es funktioniert – das wurde uns bisher nicht zugetragen. [2]

- dass im Jahre 1909 der Däne Sören Peter Lauritz, Sörensen, seines Zeichens Leiter des Forschungszentrums der Brauerei Carlsberg in Copenhagen, mit dem pH-Wert einen der bekanntesten Parameter der Naturwissenschaft einführte. Den meisten unter uns ist der pH-Wert sicher noch in mehr oder auch weniger guter Erinnerung aus dem Chemieunterricht als Maß für die Stärke der sauren oder basischen Wirkung einer wässrigen Lösung. [3]

- woher der Begriff „Schnitt" stammt? Dieser im süddeutschen Sprachgebrauch übliche „Schnitt", also das letzte halbe Glas, bevor man die Wirtschaft verlässt, hat mit dem Zapfenstreich zu tun. Der Zapfenstreich kennzeichnete seit dem Mittelalter das Ende des Ausschanks in der Gastwirtschaft durch einen Kreidestrich auf dem Zapfhahn. Dann war das Fass vom Zapfhahn „abgeschnitten". Der Rest Bier, der dann noch aus dem Zapfhahn lief, wurde als „Schnitt" bezeichnet. Andernorts heißt der Schnitt heute auch „Pfiff" oder

Teilnehmer der Beer Can Regatta im australischen Durban. Quelle: www.festivalpig.com/darwin-beer-can-regatta.html

„Säge". Im Fränkischen kennt man außerdem den „Sprutz". Das ist dann ein halber Schnitt ... [4]

- dass zwei Fässer Bier das erste Frachtgut waren, welches in Deutschland per Eisenbahn transportiert wurde? Die erste deutsche Eisenbahn-Dampflokomotive Adler fuhr am 7. Dezember 1835 von Nürnberg nach Fürth. Das erste Frachtgut, das in Deutschland per Eisenbahn verschickt wurde, waren am 11. Juli 1836 zwei Fässer Bier. Der Bierbrauer Lederer erhielt die Erlaubnis, mit einem von Fürth abgehenden Zug zwei Fässer Bier nach Nürnberg an den Wirt des Gasthauses „Zur Eisenbahn" zu senden, und zwar gegen Zahlung von sechs Kreuzern. [5]
- dass das nordaustralische Durban seit 1975 Schauplatz der „Beer Can Regatta" ist? Bei diesem jährlich stattfindenden Bootsrennen dürfen nur Wasserfahrzeuge teilnehmen, die aus leeren Bierdosen konstruiert sind.
  Mehr dazu unter www.beercanregatta.org.au. [5]
- dass sich in der brasilianischen Stadt Blumenau die „Brauerei Eisenbahn" befindet? Blumenau, gegründet 1850 von deutschen Einwanderern, gilt als „Bierhauptstadt" Brasiliens. Seit 1983 gibt es dort ein Oktoberfest, das sich mittlerweile mit über 600.000 Besuchern jährlich zum zweitgrößten Volksfest Brasiliens nach dem Karneval in Rio entwickelt hat. [5]
- dass die sprachgeschichtliche Herkunft des Wortes „Bier" nicht gesichert ist? Mutmaßlich leitet es sich vom lateinischen „bibere" – zu deutsch „trinken" – ab. Als Wortwurzel ist darüber hinaus das lateinische „cervisia" – zu deutsch „Bier" – denkbar [5].
- dass der größte Bierkrug der Welt in Oberviechtach in der Oberpfalz steht? Er ist aus Holz gefertigt und mit vier Metern so hoch wie ein kleines Haus. Sein stattlicher Inhalt von 47,18 hl (4.718 Liter) entspricht dem Volumen von etwa fünf kleinen Lagertanks, wie sie in Gasthausbrauereien üblich sind. Zu seiner ersten Befüllung am 11. August 2002 war eine komplette Feuerwehrmannschaft samt Handdruckspritze notwendig. [5]
- dass das Märzen seinen Namen vom Monat März hat? Die bayerische Brauordnung aus dem Jahre 1539 legte fest, dass nur zwischen dem Tag des St. Michael am 29. September und dem Tag des St. Georg

Größter Bierkrug der Welt in Oberviechtach.
Quelle: www.trivago.de

am 23. April gebraut werden durfte. In den sechs Monaten dazwischen war es den Münchner Bierbrauern verboten, ihr gutes süffiges Bier zu produzieren, weil in den Sommermonaten erhöhte Brandgefahr beim Biersieden bestand. So wurden in dieser Zeit die Sudpfannen versiegelt. Die Brauer mussten so ihr Bier bis zum Monat März auf Vorrat herstellen. Daher rührt der Name für das „Märzenbier", im Ausland auch oftmals bekannt als „Oktoberfestbier". [6]

- dass die Biergärten ihren Ursprung in derselben bayerischen Brauordnung in München haben? Um das letzte vor dem Sommerhalbjahr gebraute Bier kühl zu lagern, baute man spezielle Bierkeller, meist ganz in der Nähe der Brauereien. Da jedoch der hohe Grundwasserspiegel in München tiefe Keller ausschloss, musste man dafür sorgen, dass die Keller wenigstens schattig und kühl lagen. Deshalb pflanzte man auf den Kellern Bäume wie die großblättrige und robuste Kastanie. Bier schenkte man dort natürlich auch aus. Die Brauer stellten Tische und Bänke auf und boten das frische Bier an. Das trieb die Münchner in Scharen zu den Biergärten und die Wirte auf die Barrikaden, denn sie fürchteten um ihre Kundschaft. König Ludwig der Erste hatte schließlich ein Einsehen mit den Wirten und verbot den Verkauf von Essen in den Biergärten. Wer nun also sein schattiges Bier genießen wollte, der musste seine Brotzeit selbst mitbringen. Daraus entstand eine Tradition, die es auch heute noch in vielen Biergärten gibt. [7]

- dass einige der rund 140 Arten von Blattnasen-Fledermäusen in Süd- und Mittelamerika selbst bei einem Blutalkoholspiegel von 3 Promille Hindernisse ohne jede Beeinträchtigung umfliegen? Kanadische Biologen fanden dies heraus und führen die Alkoholresistenz der Tiere darauf zurück, dass diese sich zum Teil von gegorenen Früchten ernähren. [8]

Nächtlicher Anflug einer tropischen Blattnasen-Fledermaus an eine Frucht. Quelle: http://idw-online.de – © Dr. Christian Voigt.

- dass das Bier im alten Ägypten so unabdingbar selbstverständlich war, dass sich die Hieroglyphe des Wortes „Mahlzeit" aus den beiden Hieroglyphen für „Brot" und für „Bier" zusammensetzte? [9]
- warum man miteinander anstößt? Die Tradition des miteinander Anstoßens stammt aus dem Mittelalter. Damals wurden unliebsame Zeitgenossen gelegentlich mit Gift ins Jenseits befördert. Der Adel hielt sich deshalb Vorkoster als mittelalterliche Maßnahme zum „ganz speziellen Verbraucherschutz". Das gemeine Volk hatte diese Möglichkeit natürlich nicht. Daher stieß man mit den tönernen oder hölzernen Bierkrügen heftig miteinander an. Dabei schwappte etwas Bier aus dem eigenen Bierkrug in die Bierkrüge der anderen. Und nach dem Motto „Alle oder keiner" konnte man sich so etwas sicherer sein, den Abend zu überleben [10].
- woher der Begriff „Bierfilz" stammt? Wohlhabende Zeitgenossen hatten früher für den Fliegen-freien sommerlichen Biergenuss einen Krug mit Zinndeckel. Alle nicht ganz so wohlhabenden Biergenießer verwendeten schon seit dem Ende des 19. Jahrhunderts einen Filz als Untersetzer, der eben bei Bedarf auch als „Auflieger" zum Einsatz kam. Dieser Filz – auch wenn er immer wieder gewaschen und getrocknet wurde – fing dann doch irgendwann einmal an, recht fürchterlich zu riechen. Mit dem Aufkommen der unkompliziert zu entsorgenden, preiswerten Pappdeckel verschwand der unhygienische Filz. Der Begriff für den Bierdeckel blieb – zumindest im Bayerischen [11].
- dass der Bierdeckel bereits über hundert Jahre alt ist? Ein gewisser Herr Sputh aus Dresden soll im Jahre 1892 ein Patent auf runde und eckige Holzfilzplatten „als Bierseidbeluntersetzer geeignet" angemeldet haben. Vorher standen Krüge und Gläser entweder auf kleinen Porzellanuntersetzern – und die Rechnung ergab sich aus der Anzahl dieser Porzellanuntersetzer – oder aber die Krüge standen auf dem blankgescheuerten Tisch. Im letzteren Fall schrieb die Bedienung mit Kreide auf einer Tafel an. Wer dann anschreiben lassen wollte, stand also „in der Kreide" [12].
- dass Bier mit gut 3.000 Komponenten ein zehnfach größeres Aromenspektrum hat als Wein [13]?
- warum in Kölner Brauhäusern die Kellner „Köbes" – die kölsche Version des Vornamens Jakob – heißen? Einig ist man sich hierüber tatsächlich nicht. Vielleicht war es so, dass in grauer Vorzeit besonders viele Brauerburschen Jakob hießen und so dieser Einzelname ein Gattungsbegriff wurde. Fest steht lediglich, dass der Ruf nach dem „Köbes" noch heute in jedem Kölner Brauhaus funktioniert. Rufen Sie

bloß nicht nach dem „Kellner" oder gar „Ober"! Das wird geflissentlich ignoriert. Eine andere Variante besagt, dass die Köbesse Pilger waren, die über den berühmten Jakobsweg nach Santiago de Compostela in Spanien ans Grab des heiligen Jakob gepilgert waren und nach ihrer Rückkehr den Kölnern in den Brauhäusern von ihrer langen Pilgerreise erzählten, wobei sie gleichzeitig die Gäste bedienten. Manche Gäste

Kölner Urgestein, der „Köbes".
Quelle: Deutscher Brauer-Bund e.V.

unterstellen, dass dies der Grund sei, warum die meisten Köbesse so gerne „Verzäll maache" und manche oft auch sehr lange mit dem Kranz Bier unterwegs seien … [14]

- dass das „Kaffee-Kränzchen" ursprünglich ein „Bier-Kränzchen" war? Solche Kränzchen gehen auf einen alten Brauch in Westfalen zurück, wo sich die Frauen der umliegenden Höfe gegenseitig einluden, um das frisch gebraute Bier zu kosten. Dabei trug die Gastgeberin zu Ehren ein kleines Kränzchen, was dazu führte, dass man diesen Einladungen den Namen „Bier-Kränzchen" gab. Die Einladungen gingen damals wie heute „reihum", bis dann diese Form nachbarlicher Geselligkeit nach und nach, sobald der Kaffee aufgekommen war, von dem „Kaffee-Kränzchen" abgelöst wurde, das sich ja hier und da bis auf den heutigen Tag als „Wander-Einladung" erhalten hat. [9]

- dass es noch weitere Deutungen des Gambrinus, seines Zeichens Schutzpatron der Bierbrauer, gibt als den König Jan Primus von Flandern und Brabant? Zum einen könnte der Name Gambrinus mit dem Volksstamm der Gambrivier zusammenhängen, der im Mittelalter in Burgund lebte und auch Namenspate der Stadt Cambrai in Nord-Frankreich sein soll. Zum anderen nannte man im Mittelalter den Bruder Braumeister in den Klöstern lateinisch Cambarius, was in der Tat nicht so weit von Gambrinus entfernt scheint. [9]

- dass das Bierherz ein medizinischer Fachbegriff ist? Bei übermäßigem Biergenuss vergrößert sich das menschliche Herz, seine Pumpleistung nimmt jedoch ab. Das Bierherz ist auch als „Münchner Bierherz" bekannt. Die Kutschfahrer, die in früheren Jahren das Bier der Münchner Brauereien ausfuhren, hatten auf ihren Fahrten unbegrenzt Bier zur Verfügung. Als Folge tranken sie sich daran satt und aßen zu wenig. In eher weinlastigen Regionen ist auch die Bezeichnung „Tübinger Weinherz" bekannt.
- warum wir doppelt sehen, wenn wir „blau" sind? Für die Koordination des räumlichen Sehens ist das Kleinhirn verantwortlich. Es bringt die Bilder, die das rechte und das linke Auge an das Gehirn weiterleitet, zur Deckung. Ab circa zwei Promille Alkohol im Blut ist das Zusammenfügen der beiden Augenbilder nicht mehr möglich, sodass wir doppelt sehen. [15]
- dass Arthur Guinness nicht nur im Jahre 1759 die weltberühmte Brauerei Guinness in Irland gründete, sondern damit auch die Grundlage des „Guinness-Buch der Rekorde" – im Original „Guinness World Records"? Es passierte zwar erst 1954, aber die Brauerei brachte damals erstmals diese Publikation heraus, hat sie allerdings mittlerweile an einen Verlag verkauft. [16]
- dass die Hefe, die bei der Gärung aus Zucker Alkohol produziert, selbst nur in Maßen Alkohol verträgt? Steigt der Alkoholgehalt der Flüssigkeit auf 15 Prozent, geht sie an Vergiftung zugrunde. Eine Flüssigkeit mit einem Alkoholgehalt von 18 Prozent gilt bereits als steril, weshalb Alkohol auch als Desinfektionsmittel und als Konservierungsstoff beliebt ist.
- dass die Anzahl der betriebenen Braustätten in Deutschland mit 1.319 im Jahre 2008 einen neuen Höchststand erreicht hat? 30 Jahre bis ins Jahr 1981 suchte ich in den Zahlen des Statistischen Bundesamtes, des Deutschen Brauer-Bundes e. V. und der Brauwelt, um mit 1.328 Braustätten eine höhere Zahl zu finden. Zwar verschwinden noch immer viele gewachsene Braustätten durch Schließung, Insolvenz oder Übernahme, doch die kontinuierlich wachsende Zahl der Gasthausbrauereien lässt die Zahl der Braustätten dennoch steigen. So darf es weitergehen!

Warum der Schaum weiß ist und das Bier gelb

Es gibt Fragen, die man sich nie stellt, weil die Dinge selbstverständlich sind. Eigentlich. Doch wissen Sie, warum der Schaum auf dem Bier weiß ist? Hier die klare Antwort eines Experten, der es nun wirklich wissen muss: Prof. Dr. Ing. Eberhard Geiger.

Warum ist der Schaum auf dem Bier eigentlich weiß?
Verantwortlich für die Farbe des Bieres ist das Malz: Je höher die Temperatur beim Darren (Rösten) des Malzes, desto dunkler wird das Korn – und später das Bier, das daraus gebraut wird.

Doch egal, wie hell oder dunkel das Bier ist, sein Schaum ist immer weiß. Der Grund: Beim Einschenken wird die Kohlensäure im Bier freigesetzt. Sie steigt nach oben und reißt dabei Eiweißstoffe des Bieres mit, die die eigentlichen Schaumbläschen bilden. Eiweiß kann jedoch fast keine Farbstoffe an sich binden, sodass der Schaum weiß bleibt. Lediglich bei fast schwarzen Bieren kommt es gelegentlich vor, dass sich ein wenig Farbe durchsetzt und der Schaumkrone einen ganz leichten Schimmer verleiht.

Prof. Dr. Ing. Eberhard Geiger war bis 31. März 2009 Ordinarius am Lehrstuhl für Technologie der Brauerei II der Technischen Universität München-Weihenstephan. Am 1. April 2009 – was kein Aprilscherz ist – trat er in den wohlverdienten Ruhestand.
Quelle:
Deutscher Brauer-Bund e. V. [17]

Weißer Schaum – goldgelbes Bier
(Quelle: Deutscher Brauer-Bund e. V.)

Das deutsche Reinheitsgebot von 1516

Selbst hochrangige Juristen, Staatsdiener und Finanzbeamte kritisieren weltweit und öffentlich, dass das Volumen und die Komplexität der jeweiligen Vorschriften weder sinnvoll noch beherrschbar und durchsetzbar sind.

Dem gegenüber gilt das deutsche Reinheitsgebot von 1516 international als Paradebeispiel, als eine Art „Popstar" der Juristerei. Viele Menschen weltweit lieben es seit fast 600 Jahren – für eine Vorschrift mehr als außergewöhnlich. Es hat entscheidend zum Weltruhm des deutschen Bieres beigetragen. Es hat entscheidend zum hohen Qualitätsniveau der nach seinen Vorgaben gebrauten Biere beigetragen, während andere Lebensmittelbranchen mit Rinderwahn, Gammelfleisch, Schweinepest und verseuchtem Babybrei kämpften. Es hat die Entscheidung der EU, dass in Deutschland Biere aus anderen EU-Ländern auch dann als Bier verkauft werden dürfen, wenn diese nicht nach dem deutschen Reinheitsgebot gebraut sind, ohne Schaden überstanden. Im Gegenteil, weltweit beginnen immer mehr meist kleinere Spezialitätenbrauereien nach dem deutschen Reinheitsgebot zu brauen und sich mit diesem einzigartigen Symbol zu schmücken.

Um Missverständnissen vorzubeugen, sei hier angemerkt, dass Biere, die nicht nach dem deutschen Reinheitsgebot gebraut sind, deswegen nicht automatisch als minderwertig anzusehen sind. Viele dieser Biere sind wohlschmeckend und faszinierend. Aber: Die Geschichte hat uns deutschen Bierbrauern ein „Pfund, mit dem wir wuchern können", in die Wiege gelegt, um das uns Marketingstrategen und Qualitätssicherer weltweit beneiden. Warum sollten wir es also aufgeben?

Der entscheidende Initiator des Ganzen heißt Herzog Wilhelm IV. von Bayern. Ein im Grunde unauffälliger, mittelalterlicher Fürst, der wahrscheinlich in den Geschichtsbüchern untergegangen wäre, doch da war dieses eine, alles verändernde Datum, der 23. April 1516. An diesem Tag erließ Herzog Wilhelm IV. von Bayern das Reinheitsgebot und verkündete es auf dem Ständetag von Ingolstadt: [9]

Wir wollen auch sonderlich / das für allenthalben in unseren Stetten /
Märkten un auf dem Lande / zu kainem Pier / mehrer Stück /
dan allein Gersten / Hopffen und wasser genommen und gepraucht solle werdn.

Heute bilden wir das deutsche Reinheitsgebot im Biergesetz ab, das zur Herstellung von Bier ausschließlich die Rohstoffe Wasser, Hopfen, Malz und Hefe zulässt. Zur Hefe und warum sie beim alten Wilhelm keine Erwähnung findet kommen wir später.

Der Tag des deutschen Bieres heute

Diesen historischen 23. April 1516 erhob der Deutsche Brauer-Bund e. V. im Jahre 1994 zum offiziellen „Tag des Bieres" und damit zum Feiertag aller im In- und Ausland, die sich dem deutschen Bier und seinem Reinheitsgebot zugetan fühlen.

Alljährlich kommt zu diesem Tag auch ein „Botschafter des deutschen Bieres" zu Ruhm und Ehre. Die Liste der bisherigen Botschafter liest sich durchaus prominent mit Namen wie Ilse Aigner, Volker Kauder, Peter Harry Carstensen und anderen mehr.

Am und um den 23. April gibt es seither eine Vielzahl von Veranstaltungen. Eine Übersicht über viele dieser Veranstaltungen, weitere Informationen um den Tag des Bieres sowie preiswertes Material zum Download und zum Bestellen gibt es auf den Internetseiten des Deutschen Brauer-Bunds unter www.brauer-bund.de im Shop unter der Überschrift „Werbemittel zum Tag des Bieres".

Die Geschichte des Reinheitsgebots und seiner Vorläufer in Romanform präsentiert Günther Thömmes in seinem Buch „Das Erbe des Bierzauberers", erschienen im Gmeiner Verlag.

Offizielles Logo zum Tag des deutschen Bieres (Quelle: Deutscher Brauer-Bund e. V.)

Ein weiteres, etwas anderes Biergesetz sei jedoch an dieser Stelle aufgrund seiner Originalität noch erwähnt. Es erließ 1434 die Weinstadt Würzburg. Der Fürstbischof und der Stadtrat der sogenannten „Hauptstadt des Frankenweins" verboten damals das Bierbrauen „uff ewiglich". Dieses Verbot hielt der Realität immerhin 208 Jahre lang stand, bis es Fürstbischof Johann Philipp von Schönborn im Jahre 1642 wieder aufhob. Das mehr als einleuchtende Motiv des Fürstbischofs war es, selbst ein Hofbräuhaus errichten zu wollen [5].

Das deutsche Reinheitsgebot im Ausland

Außer in Deutschland selbst gibt es weltweit nur ein Land, in dem das deutsche Reinheitsgebot gilt: Griechenland. Nun ist Griechenland wahrhaftig kein berühmtes Bierland, sodass sich die Frage aufdrängt: Warum Griechenland?

Wie so oft beim Bier findet sich des Rätsels Lösung in Bayern. Otto Friedrich Ludwig von Wittelsbach, seines Zeichens bayrischer Prinz, war von 1832 bis 1862 der erste König von Griechenland.

Nachdem Ioannis Kapodistrias, erstes Staatsoberhaupt des im Gefolge des griechischen Unabhängigkeitskrieges durch das Londoner Protokoll vom 3. Februar 1830 neu gegründeten Staates Griechenland, im Oktober 1831 ermordet worden war, kam es in Griechenland zu einem Machtvakuum. Die Signatarmächte der Unabhängigkeit Griechenlands, Großbritannien, Frankreich und Russland, intervenierten und schlugen der griechischen Nationalversammlung vor, einen europäischen Fürsten zum König zu wählen. Diese entschied sich für den damals 16-jährigen Prinzen Otto von Bayern. Zur Wahl des Prinzen Otto trug sicherlich auch

König Otto der Erste von Griechenland (Quelle: Wikipedia)

bei, dass sein Vater, König Ludwig von Bayern, einer der ersten europäischen Fürsten war und über lange Zeit blieb, der die griechische Unabhängigkeit offen unterstützte.

Da Otto bei Regierungsantritt minderjährig war, erhielt er zunächst einen Regentschaftsrat aus bayrischen Experten. Zusätzlich kamen unter seiner Herrschaft viele Deutsche nach Griechenland. Dazu zählte auch Karl Fuchs, Gründer der Athener Brauerei FIX, heute Eigentum des Heineken Konzerns.

Die Regentschaft schuf die administrativen Grundlagen des modernen Griechenlands. Die griechische Gesetzgebung orientierte sich ebenfalls an deutschen Vorbildern, und so zog auch das deutsche Reinheitsgebot ein.

Hartnäckig hält sich das Gerücht, das deutsche Reinheitsgebot gelte auch in der Schweiz und in Norwegen. Dies ist nicht der Fall. In beiden Ländern wie auch in vielen anderen Ländern unterliegt das Brauen von Bier dem Lebensmittelrecht, das ein weites Feld von Zutaten eröffnet.

Auch wenn das deutsche Reinheitsgebot in den meisten Ländern dieser Erde nicht gilt, so gibt es doch weltweit eine Vielzahl von Gasthaus- und Spezialitätenbrauereien, die aus Überzeugung nach dem deutschen Reinheitsgebot brauen. Natürlich weisen diese auch deutlich darauf hin, sodass man sie leicht erkennen kann. International sind diese Brauereien als „Micro Breweries" oder „Pub Breweries" bekannt und arbeiten demzufolge auch häufig mit der englischen Übersetzung „German Purity Law".

Größere Brauereien im Ausland brauen meist nicht nach dem deutschen Reinheitsgebot. Rühmliche Ausnahme ist die auch in Deutschland bekannte Grolsch Brauerei in Holland. Der Name stammt von der holländischen Stadt Groenlo, die früher einmal „Grolle" und „Grol" genannt wurde. Dort braute Peter Cuyper 1615 das erste Grolsch

Der erste Grolsch Brauer Peter Cuyper nach www. grolsch.de

Bier [5]. 2004 baute Grolsch eine neue Brauerei in der Nähe von Enschede. Seit 2008 gehört die Brauerei zum SAB Miller Konzern. Grolsch ist der weltgrößte Abfüller von Bügelverschlussflaschen und war unter Ronald Reagan sogar das im Weißen Haus in Washington favorisierte Bier.

Erstaunliches über die Rohstoffe Wasser, Hopfen, Malz und Hefe

Die Tatsache, dass Bier nach dem deutschen Reinheitsgebot von 1516 ausschließlich aus den Rohstoffen Wasser, Hopfen und Malz gebraut wird, kennen wir nun alle spätestens seit der Lektüre dieses Kapitels. Wir wissen auch, dass die Hefe mit dazugehört.

Doch Hand aufs Herz: Kennen Sie diese Stoffe und ihre Rolle beim Bierbrauen genau? Könnten Sie spontan einige Einsatzgebiete dieser Stoffe außerhalb der Brauerei nennen? Beim Wasser wird dies mit Sicherheit gelingen, aber wie sieht es mit Hopfen, Malz und Hefe aus?

Nun, dafür sind die nächsten Kapitel da. Hiermit sind Sie herzlich eingeladen auf eine erstaunliche Entdeckungsreise ins Reich von Hopfen, Malz sowie Hefe, und natürlich wollen wir auch das Wasser nicht ganz vergessen.

Hefe – die unbekannte Vierte des Reinheitsgebots

Würde man eine Rangliste der meist gestellten Fragen bei Brauereibesichtigungen stellen, so wäre diese hier sicherlich ganz vorne mit dabei:

Warum ist die Hefe im deutschen Reinheitsgebot nicht erwähnt?

Hier die ersehnte Antwort: Weil die Entdeckung, dass es Mikroorganismen wie die Hefe überhaupt gibt, erst im 19. Jahrhundert erfolgte. Dieser Entdeckung durch Louis Pasteur ist ein eigenes Kapitel gewidmet, weshalb wir uns hier mit der Hefe selbst und mit ihren Eigenschaften beschäftigen.

Wenn Bierbrauer von „Hefe" sprechen, dann verstehen sie darunter nur einen sehr kleinen Teil aller existierenden Hefen. Naheliegenderweise geht es um die Kulturhefen, die in der Brauerei die herausragende Rolle bei der alkoholischen Gärung ausüben.

Offene Gärung in der Brauerei (Quelle: Deutscher Brauer-Bund e.V.)

Es handelt sich dabei um zwei Stämme: Die untergärigen Hefen, mit wissenschaftlichem Namen Saccharomyces uvarum (früher Saccharomyces carlsbergensis), sowie die obergärigen Hefen (Saccharomyces Cerevisiae). Bereits hier gibt es eine Vielzahl von Stämmen. So umfasste alleine das Angebot der Hefebank Weihenstephan, aus der zahlreiche namhafte Brauereien im In- und Ausland ihre Hefen erhalten, im August 2010 die stolze Zahl von 84 Hefestämmen.

Zur Gattung der Saccharomyces, zu deutsch „Zuckerpilze", gehören weitere bekannte Hefen. Sie sind in Weinkellereien, Brennereien, Bäckereien und in der gesamten Backwarenindustrie „tätig". Kein Hefeteig ohne Hefe. Darüber hinaus existieren neben diesen Kulturhefen, die der Mensch unter kontrollierten Bedingungen gezüchtet hat und einsetzt, eine Vielzahl sogenannter „wilder" Hefen in der Natur. Fallen etwa Früchte vom Baum oder Strauch herunter und platzen beim Aufprall auf den Boden auf, so ist dies das sprichwörtliche „gefundene Fressen" für wilde Hefen auf deren Oberfläche oder in der Umgebungsluft. Sie lassen sich gerne auf diesen Früchten nieder und vergären die in Fruchtsaft und Fruchtfleisch leicht verfügbaren Zucker zumindest teilweise. Von Elefanten ist bekannt, dass sie diese Früchte gerne fressen und sich damit in einen leichten Rauschzustand versetzen.

In der Naturheilkunde, zu Hause in der Küche, aber auch in der Kosmetik hat insbesondere die Bierhefe aufgrund ihrer wertvollen Inhaltsstoffe seit dem Altertum ihren Platz. Das Internetzeitalter dokumentiert dies durch eine eigene Präsenz unter www.bierhefe. org – hier eine Auswahl der wichtigsten Punkte ohne Anspruch auf Vollständigkeit:
• Verschiedene B-Vitamine und ihre Derivate verbessern Wachstum und Regeneration der menschlichen Zellen.
• Biotin, Folsäure, Eisen und Zink haben eine positive Wirkung auf Zustandsbild und Widerstandsfähigkeit von Haut, Haaren und Bindegewebe.
• Bei kurmäßiger Anwendung fördert Bierhefe den Abbau entzündlicher Prozesse im Körper und mobilisiert die Selbstheilungskräfte. Zudem unterstützt sie die Linderung von rheumatischen aber auch allergisch-asthmatischen Prozessen.
Bierhefe entfaltet ihre positive Wirkung übrigens genauso bei Tieren. So findet die überschüssige Hefe aus Brauereien häufig den Weg zum Schweinebauer und wird dem Futter zu 10 – 20 % beigemischt. Glückliche Schweine, vor allem dann, wenn die Hefe gerade einen Doppelbock vergoren hatte…

Ähnlich informativ präsentiert sich die Heilpflanzen-Suchmaschine www.heilpflanzen-suchmaschine.de der Hexal AG, wo sich eine interessante Anekdote findet. Vor fast

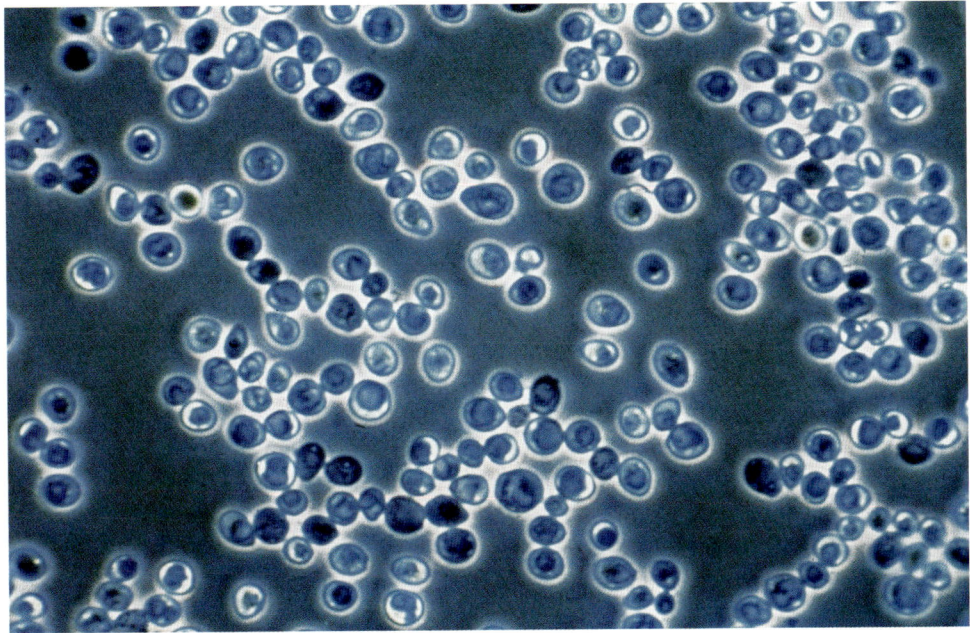

Hefezellen unter dem Mikroskop (Quelle: Deutscher Brauer-Bund e. V.)

100 Jahren beobachtete ein Naturforscher in Indonesien, dass die Einwohner bei Durchfall Schalen von Litschi-Früchten lutschten. Auf der Suche nach dem entscheidenden Wirkstoff fand er auf der Fruchtschale eine spezielle Hefe namens Saccharomyces boulardii, die heute als „medizinische Hefe" bekannt ist und dem Darm in mancher Hinsicht hilft:

- Sie bindet krankmachende Keime und unterdrückt deren Vermehrung.
- Sie macht Giftstoffe bestimmter Bakterien unschädlich.
- Sie hemmt übermäßigen Wasserverlust des Darms und mindert auf diesem Weg auch den Mineralienverlust.
- Sie regt das darmassoziierte Immunsystem an.

Neben der Behandlung bereits akuter Durchfallerkrankungen hilft die medizinische Hefe auch bei deren Vorbeugung.

Hefen verdienen den Namen „Mikroorganismen", denn sie sind mit einem Durchmesser von fünf bis zehn Mikrometern (0,000005 – 0,000010 m) so klein, dass sie nur unter dem Mikroskop sichtbar sind. Wie viele Mikroorganismen sind auch die Hefen sehr vermehrungsfreudig. Unter optimalen Bedingungen teilen sich die Zellen innerhalb von 20 Minuten. Solange Sauerstoff vorhanden ist, wandeln Hefen Zucker in Wasser und Kohlendioxid um. Nur bei Abwesenheit von Sauerstoff stellen sie ihren Stoffwechsel auf die alkoholische Gärung um und produzieren Alkohol und Kohlendioxid. Diese Fähigkeit haben allerdings nicht alle Hefen, genauso wenig wie alle Hefen zur Gattung Saccharomyces gehören.

Tausende von Hefestämmen haben Mikrobiologen auf der ganzen Welt bereits entdeckt. Darunter sind viele, die in erstaunlichen Bereichen leben oder zum Einsatz kommen. Alle diese zu nennen, würde den Rahmen dieses Werkes sprengen, daher hier einige Beispiele:

- Rund 200 Hefen gehören zur Gattung Candida. Sie leben weltweit auf der Haut, auf den Schleimhäuten und in den Geweben von Warmblütern wie uns Menschen. Candida albicans ruft bei immungeschwächten Menschen und Tieren die Hautkrankheit Soor (Candidiasis) hervor, die in schweren Fällen auch auf innere Organe übergreift. Einen freundlicheren Zweck verfolgen Candida utilis als Futterhefe und Candida lipolytica zur Produktion von Proteinen. Weitere Gattungen von Candida dienen zur Gewinnung von Vitamin C, Vitamin B2, Fett und Fettsäuren (Quelle: www.wissenschaft-online.de).
- Malassezia furfur ist Erreger der Hautkrankheit Pityriasis versicolor. Er bewohnt die Haut fast aller Menschen, normalerweise ohne sich in irgendeiner Form bemerkbar zu machen. Bei manchen Menschen, man vermutet bei entsprechender Disposition oder bei einer Schwächung des Immunsystems, führt er zu weißen Flecken auf der Haut, indem er das Eindringen von UV-Licht verhindert (Quelle: Mehrfache persönliche Erfahrung des Autors in den Jahren 1990 – 2000).
- Bei der Herstellung von Schimmelkäsen spielen mehrere Hefestämme eine wichtige Rolle, darunter die bereits bekannte Candida. Sie sind die ersten Organismen, die bei der Reifung die Käseoberfläche besiedeln. Sie dienen der Aromabildung, der Entsäuerung, der Bildung von Vitaminen und fördern den Eiweißabbau. Außerdem fermentieren sie Laktose, wodurch der resultierende Käse leicht verdaulich ist. [18]
- Des Weiteren sind unterschiedlichste Hefen im Einsatz zur Produktion von Proteinen, Enzymen, Impfstoffen sowie Nahrungsergänzungs- und -Zusatzstoffen.

Neben dem natürlichen Zustand als breiige Flüssigkeit sind auch viele Produkte in Form von Trockenhefe oder Hefeextrakt auf dem Markt. Klarer Vorteil ist das geringere Gewicht, der geringere Platzbedarf, die einfachere Lagerung und die höhere Haltbarkeit.

Wasser – Hauptbestandteil des Bieres und Querkopf der Physik

Schon der griechische Naturwissenschaftler, Philosoph und Staatsmann Thales von Milet (624 – 546 v. Chr.) hatte die zentrale Bedeutung des Wassers erkannt. Von ihm ist die Feststellung überliefert:

Das Prinzip aller Dinge ist das Wasser.
Aus Wasser ist alles,
ins Wasser kehrt alles zurück.

Sprudelndes Wasser – Prinzip aller Dinge (Quelle: Deutscher Brauer-Bund e. V.)

Und der alte Thales hatte völlig Recht. Während die bloße Erwähnung von Malz und Hopfen meist automatisch den Gedanken an Bier wach werden lässt, so ist das beim Wasser nicht der Fall. Während viele Menschen bei der Frage, was denn nun Malz oder Hopfen genau ist und welche Auswirkungen es auf das Bier hat, ganz schnell ins Stottern kommen, so ist das bei der entsprechenden Frage nach dem Wasser nicht der Fall.

Wasser ist – die Wüste einmal ausgenommen – allgegenwärtig in unserem Leben. Hier einige Fakten dazu:

- Rund 70 % der Oberfläche der Erde sind von Ozeanen bedeckt, die 97 % des gesamten auf der Erde vorhandenen Wassers von rund 1,4 Milliarden m³ enthalten. [19]
- Rund 70 % des menschlichen Körpers besteht aus Wasser. Dies allerdings nur bei sehr schlanken Menschen. Bei übergewichtigen Menschen sinkt der Anteil des Wassers bedingt durch den höheren Fettanteil des Körpers auf bis zu 45 % (Quelle: Wikipedia).
- Noch höher ist der Wassergehalt im Bier mit gut 90 % bei Vollbieren wie Pils, Alt, Kölsch, Weizen oder Export.
- Rund zwei Liter Wasser sollten wir täglich trinken, bei hohem Wasserverlust durch Sport, Hitze oder hohen Biergenuss deutlich mehr. Ohne dieses regelmäßige Trinken sterben wir innerhalb weniger Tage.
- Wasser hält uns am Leben, es kann uns aber auch töten. Viele Menschen sind bereits in Gewässern, bei Springfluten oder Tsunamis ertrunken oder unter Schnee- und Eislawinen begraben worden.
- Weil es so essentiell für Mensch, Tier und Natur ist, wird Wasser zunehmend knapp, vor allem in trockenen Gebieten der Erde. Experten sagen voraus, dass die Kriege der Zukunft die Kriege um Wasser sein werden.

Vielleicht ist dieses Wasser deshalb so wichtig, so allgegenwärtig und so lebensnotwendig, weil es ganz außergewöhnliche physikalische Eigenschaften mit sich bringt. So außergewöhnlich, dass die Bezeichnung „Querkopf der Physik" durchaus gerechtfertigt ist.

Die bekannteste dieser Eigenschaften – wir kennen sie alle aus der Schule – ist die Anomalie seiner Dichte. Alle anderen Stoffe dehnen sich bei Erwärmung aus und damit sinkt ihre Dichte – nicht so das Wasser. Bei seiner gefrorenen Form, dem Eis, wie auch beim Wasser selbst steigt die Dichte sogar bis zu einer Temperatur von 4 °C. Dort erreicht sie ihr Maximum. Erst bei einer weiteren Erwärmung sinkt sie wieder ab. Für die Natur ist das von entscheidender Bedeutung, wie die nebenstehende Abbildung zeigt.

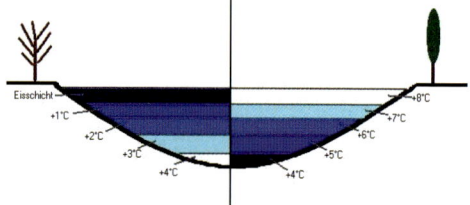

Anomalie der Dichte des Wassers nach [20]

Ein Gewässer friert im Winter von oben zu. Das vier Grad kalte Wasser, also das schwerste Wasser mit der höchsten Dichte, sinkt nach unten auf den Grund des Gewässers, sodass Fische dort überleben können. Wäre es anders herum, so würde das Gewässer von unten zufrieren und irgendwann lägen tote Fische auf dem komplett zugefrorenen Gewässer. Im Sommer sorgt die Anomalie für eine Umkehr der Temperaturschichtung.

Neben dieser Anomalie besitzt das Wasser jedoch noch viele weitere faszinierende Eigenschaften, die neben ihrer Ausnahmestellung in der Physik eine genauso wichtige Rolle in der Natur spielen, wie die Anomalie der Dichte. Die folgenden Punkte stammen aus einer Vorlesung der Universität Heidelberg. [17]

Die **spezifische Wärme** des Wassers bezogen auf seine Masse ist mit 4,2 kJ / (kg*K) höher als die aller anderen relevanten natürlichen Flüssigkeiten und Festkörper. Damit werden die Weltmeere zu einem gigantischen Wärmespeicher, der extreme Temperaturschwankungen der Umwelt puffern kann. Luft und Land heizen sich viel schneller auf als die Meere und geben daher Wärme an die Meere ab. Bei einem Kälteeinbruch kühlen Luft und Land wiederum schneller ab als die Meere, die dann die gespeicherte Wärme wieder abgeben.

Die **Schmelzwärme** des Wassers ist die mit 334 kJ / kg höchste aller Substanzen mit Ausnahme von Ammoniak, der deswegen in der Kältetechnik höchst beliebt ist. Aber auch in der Natur ist die hohe Schmelzwärme wichtig. Auch mit dieser hohen Schmelzwärme haben wir bei der Schneeschmelze im Frühjahr in vielen Regionen Hochwasser, da das Schmelzwasser nicht schnell genug abfließen kann. Bei niedrigerer Schmelzwärme des Wassers wären es vermutlich Sintfluten.

Die **Verdampfungswärme** des Wassers ist die mit 2.257 kJ / kg bei 100 °C höchste aller Substanzen

Andere Sicht des Wassers –
Karikatur von Peter Strunk

– diesmal ohne Ausnahme. Dies spielt eine entscheidende Rolle bei der Regulierung der Umgebungstemperatur. Unterschiede zwischen Tag und Nacht werden verkleinert, indem am Morgen Wasser verdunstet und den Anstieg der Umgebungstemperatur bremst. Am Abend kondensiert das gleiche Wasser wieder und bremst nun das Absinken der Umgebungstemperatur.

Die **Oberflächenspannung** des Wassers ist mit 73 mN / m bei 20 °C die höchste unter allen Flüssigkeiten – wiederum ohne Ausnahme. Sie sorgt dafür, dass Wasser Tropfen bildet, dass Insekten auf der Wasseroberfläche laufen und Rasierklingen darauf schwimmen können, und sie spielt eine entscheidende Rolle in der Physiologie unserer Zellen.

Das **Lösungsvermögen** von Wasser ist hoch und damit wiederum ein Punkt, der dem Wasser eine Schlüsselrolle des Lebens sichert. Alle unsere Getränke – selbst Mineralwasser – und auch unser Blut sind nichts anderes als eine Lösung von Nährstoffen in Wasser. Zucker ist beispielsweise mit der stattlichen Masse von 204 g in 20 °C warmem Wasser löslich. Glücklicherweise hat das Wasser auch ein Herz für die Bierbrauer, denn auch Alkohol ist in erheblichem Umfang in Wasser löslich.

Bei der **Wärmeleitfähigkeit** ist das Wasser mit 0,6 W / (m^2*K) bei 20 °C wiederum der Champion unter den Flüssigkeiten. Es ist damit bestens geeignet, eine gleichmäßige Wärmeverteilung im Körper zu gewährleisten.

Die **Viskosität** – also die Zähflüssigkeit – ist relativ zu anderen Flüssigkeiten ausnahmsweise nicht weltmeisterlich. Sie ist relativ klein. Wasser fließt also gut. Die Kraft, die eine Pumpe braucht, um Wasser zu fördern, ist relativ klein. Auch unser Herz ist eine Pumpe für das Blut und da wir auf seine Funktion langfristig angewiesen sind, ist es sehr vorteilhaft, dass Wasser und Blut nicht extrem zähflüssig sind.

Die **Transparenz** – also die Durchlässigkeit für Licht – im sichtbaren Bereich ist relativ hoch. Für den menschlichen Körper spielt dies keine Rolle, für das Leben tief im Meer sehr wohl. Durch die hohe Transparenz des Wassers können dort lebende Pflanzen Photosynthese betreiben und mit Hilfe von Sonnenlicht wachsen.

Mancher Spitzenathlet wäre stolz auf eine solche Trophäensammlung, wie sie dieses Wasser aufweist. Beide haben etwas gemeinsam: Man muss verantwortungsvoll mit ihnen umgehen. Wir sollten Wasser nicht verschwenden oder verschmutzen und gerecht verteilen. Doch manchmal ist das leichter gesagt als getan. Stehen Sie mal mit drei kleinen Kindern, die sich waschen sollen, im Bad. Der verantwortungsvolle Umgang mit dem Wasser wird ihr geringstes Problem sein …

Malz – nicht nur zum Bierbrauen

Bier wird aus Malz gebraut – das hat sich durchaus herumgesprochen. Doch was ist eigentlich Malz? Bei dieser Frage werden nicht nur an Stammtischen die Augen größer, auch mancher Fachmann kommt bei dem Versuch ins Stottern, dies allgemein verständlich in Worte zu fassen. Damit wir auch alle wissen, wovon wir reden, hier die Erläuterung (Quelle: Besser leben mit Bier).

Malz wird aus Getreide hergestellt, in Deutschland meist aus Gerste oder aus Weizen. Dies geschieht unter kontrollierten Bedingungen in den Mälzereien. Die Getreidekörner werden zunächst angefeuchtet, sodass sie zu keimen beginnen. Dadurch werden innerhalb der Körner die Zellwände abgebaut und es bilden sich Enzyme zum Abbau von Stärke und Eiweiß. Bevor die Keimung vollständig in Gang kommt und in der Mälzerei Gersten- und Weizenfelder entstehen, wird die Keimung durch Trocknung abgebrochen. Resultat ist das Malz. Malz ist durch die Trocknung über Monate lagerfähig.

Durch den Abbau der Zellwände im Korn ist es möglich, den Extrakt aus dem Malz in Wasser zu lösen. Dieser Extrakt

Die Vielfalt der Malze
(Quelle: Weyermann® Malzfabrik, Bamberg)

besteht hauptsächlich aus Stärke und Eiweiß. Beim Brauen in der Brauerei wird das Malz zunächst geschrotet und mit warmem Wasser vermischt. Dieser Vorgang heißt „Maischen". Stärke und Eiweiße lösen sich im Wasser. Durch die in der Mälzerei gebildeten Enzyme werden sie zu Zuckern und niedermolekularen Eiweißen abgebaut, die später bei der Gärung der Hefe als Nahrung dienen. Die resultierende wässrige Lösung aus Zuckern und Eiweißen bezeichnet man als „Maische", nach Abtrennung der unlöslichen Bestandteile als „Würze".

Röstmalz
(Quelle: Weyermann® Malzfabrik, Bamberg)

Malz ist jedoch nicht gleich Malz. Hier gibt es einen schier unendlichen Reichtum an Varianten. Das Malz ist auch nicht nur als Stärkelieferant für den Alkoholgehalt des späteren Bieres zuständig. Es übt entscheidenden Einfluss auf Farbe, Duft und Aroma des Bieres aus.

Zunächst ist die Frage: Welches Getreide vermälzen wir? Diese beantworten wir in Deutschland hauptsächlich mit Gerste, daneben mit Weizen. Es gibt aber durchaus auch Malze aus Roggen, Dinkel, Hafer, Emmer oder anderen Getreidesorten. Man kann auch aus allem eins brauen in Form eines Sechs-Korn-Bieres, wie es die fränkische Pyraser Brauerei demonstriert.

Nach der Auswahl des Getreides stellt sich die Frage nach der Art der Vermälzung. Diese bringt dann die unterschiedlichsten Malztypen wie helles Malz, dunkles Malz, Pilsener Malz, Röstmalz, Karamellmalz, Sauermalz, Rauchmalz, Whiskymalz, Diastasemalz, Melanoidinmalz und mehr hervor.

Herstellung und Effekt aller dieser Malze zu beschreiben würde den Rahmen dieses Werkes sprengen. Der bekannteste Effekt ist der Einfluss unterschiedlich dunkler Malze, weshalb dieser hier als Beispiel dient.

Entscheidender Faktor für die Malzfarbe ist das Trocknen des Malzes, das sogenannte „Darren". Dieses erfolgt bei hellen Malzen vergleichsweise zärtlich. Langsam und schonend wird dem Malz zunächst bei relativ niedrigen Temperaturen von etwa 50 °C ein Großteil des Wassers entzogen. Erst dann beginnt das eigentliche Darren bei 75 – 80 °C. Dem gegenüber werden Röstmalze regelrecht vergewaltigt, was allein die Rösttemperatur von 200 – 220 °C deutlich macht.

Vergleichen Sie das Darren einfach mit ihrem Backofen zu Hause. Wenn Sie ein Brötchen aufbacken reichen zehn Minuten im vorgeheizten Umluftbackofen und Sie haben ein helles, lockeres und saftiges Brötchen. Mögen Sie es eher knusprig? Dann lassen Sie das Brötchen noch zwei bis drei Minuten im Backofen. Es wird dunkler, knuspriger und schmeckt intensiver. So etwa ist der Unterschied zwischen hellem und dunklem Malz. Nun lassen Sie das Brötchen noch weiter im Backofen, bis es schließlich im wahrsten Sinne des Wortes „schwarz wird". Der Geschmack ist dann so intensiv und das Brötchen so hart, dass es kaum genießbar ist. Dies ist nun vergleichbar mit geröstetem Malz. Tief dunkle Biere und Schwarzbiere enthalten etwa ein bis zwei Prozent Röstmalz, ansonsten wären auch sie ungenießbar.

Die Malzfarbe wird anhand der Lichtbrechung einer standardisierten Würze, der sogenannten Kongresswürze, in EBC-Einheiten gemessen (EBC = European Brewery Convention). Helle Malze weisen um 3,0 EBC-Einheiten auf, Röstmalze bis zu 2.000,0 EBC. Allein diese Zahlen zeigen den farblichen Variantenreichtum des Malzes und damit des fertigen Bieres. Je dunkler das Malz, desto dunkler das Bier. Je dunkler das Malz, desto intensiver auch die röstigen, brot- und karamellartigen Aromen bis hin zu Kaffee, Schokolade und Lakritz. Je dunkler das Malz, desto dunkler sogar der Schaum.

Soweit zur Rolle des Malzes beim Bier. Die Fähigkeiten des Malzes als natürlicher Stärkelieferant und Farbgeber sind jedoch nicht nur in Brauereien begehrt. Hier ein Auszug der Einsatzgebiete von Malz und Malzprodukten:

- *Malzkaffee* – kaffeeähnliches Getränk aus Malz und anderen Getreidesorten, teilweise auch anderen Pflanzen. Großer Vorteil des Malzkaffees ist die Abwesenheit von Koffein – oder großer Nachteil je nach Blickwinkel.
- *Brot backen* – wie beim Bier brauen erleichtert der hohe Gehalt an Zuckern und Enzymen die Arbeit. Der Teig treibt schneller.
- *Malt-Whisky* – während manche Spirituosen aus mehr oder weniger allem hergestellt werden, das Stärke liefert, entsteht ein echter Whisky vollständig aus Malz. Ein Grund, warum aktuell einige Brauereien beginnen, eigene Whiskys herzustellen.
- *Malzextrakt* – dieser ist leichter zu verarbeiten als das Malz selbst. Malz wird geschrotet, in Wasser gelöst und anschließend zu einem Sirup aufkonzentriert. Für den Anwender fallen diese Prozesse samt der benötigten Anlagen weg. Insbesondere Röstmalzextrakt ist durch seine starke Färbekraft sehr gut geeignet für alle Arten von Lebensmitteln wie Brot, Backwaren, alkoholfreie Getränke, pharmazeutische Produkte, Spirituosen und Süßwaren (Quelle: Weyermann Malz). Hinzu kommen Anwendungen im Bereich Fertigprodukte wie Fertigsoßen oder Backmischungen, als Babynahrung oder als Nährmedien in der Mikrobiologie.
- *Malzgranulat* – hier wird der Malzextrakt nicht nur aufkonzentriert, sondern zu einem Granulat oder Pulver getrocknet. Die Anwendungen entsprechen denen des Malzextraktes. Einfacher ist der Transport, denn Malzgranulat ist erheblich leichter als Malzextrakt. Auch viele Hobby- oder Minibrauer arbeiten mit Malzgranulat oder Malzextrakt.

Hopfen – Heilpflanze des Jahres 2007

Der Studienkreis Entwicklungsgeschichte der Arzneipflanzenkunde an der Universität Würzburg hat den Hopfen zur Arzneipflanze des Jahres 2007 gewählt. Alleine dieser Titel spricht Bände. Er adelt zum einen den Hopfen, zum anderen auch das Bier, dessen wertgebender Bestandteil er ist.

Seit 2009 trägt der Hopfen auch den Titel „herausragende Kulturpflanze Bayerns". [21]

Wie der Hopfen zu seinem Namen kam

Der lateinische Name des Hopfens lautet „Humulus lupulus". Der Gattungsname „Humulus" soll seinen Ursprung im slawischen Wort „chmele" – zu deutsch „Hopfen" – haben. Der Artname „Lupulus" ist die Verkleinerungsform des wiederum lateinischen „lupus" – zu deutsch „Wolf". Dieser spielt auf die fälschlicherweise angenommene pflanzenwürgende Eigenschaft der Hopfenranke an. Die Kletterpflanze Hopfen gehört übrigens zu den Hanfgewächsen und damit zur selben Pflanzenfamilie wie Cannabis. [5]

Der Hopfen selbst ist Namensgeber der „Deutschen Hopfenstraße", die mit 49 km Länge auf der heutigen B 301 die Städte Freising, Au und Abensberg nördlich von München in der Hallertau verbindet. Zwar scheiterte 1955 der Versuch, dies als amtliche Bezeichnung durchzusetzen, doch dies ändert nichts daran, dass sich die Region gerne mit diesem traditionsreichen Begriff schmückt.

Seit dem 12. Jahrhundert stellt die Deutsche Hopfenstraße mit einer Länge von 49 Kilometern eine wichtige Verkehrsader im Hopfenland Hallertau dar. Vorbei an scheinbar nicht enden wollenden Hopfengärten, alten Hopfenzupferhöfen und kulturhistorischen Sehenswürdigkeiten scheint das Gebiet einen Hauch der damaligen Zeit bewahrt zu haben.

Wie der Hopfen seinen Siegeszug antrat

Zum ersten Mal wird vom Hopfen im Jahr 736 berichtet, als kriegsgefangene Wenden in Geisenfeld in der Hallertau den ersten Hopfengarten anlegten. Und 768 erwähnt eine Urkunde von König Pippin Hopfengärten bei dem Kloster Freysing in Bayern, ebenfalls in der Hallertau gelegen. Die damit verbundenen Braurechte gingen dann später auf das Kloster Weihenstephan über, die daraus hervorgegangene weltliche Brauerei bezieht sich noch heute auf diese Tradition und nennt sich stolz die älteste Brauerei der Welt, die noch besteht [9].

Hopfenranken nach www.hopfenland-hallertau.de

Der Hopfen ist jedoch ein Sensibelchen, das keinesfalls überall wächst. Die tiefwurzelnde Hopfenpflanze bevorzugt nach Auskunft des Verbands Deutscher Hopfenpflanzer lockere, tief durchwurzelbare Böden mit guter Wasserführung. Ferner wünscht sie sich Frostfreiheit von Ende April bis Mitte September, gemäßigten Sonnenschein, reichlich Niederschlag im Sommer und windgeschützte Lagen. Durch diese hohen Ansprüche bleibt der Hopfenanbau auf wenige Gebiete weltweit beschränkt.

Im Mittelalter bedeutete dies für die meisten Brauer, dass sie ohne den Hopfen auskommen und sich mit der Grut, einem Gemisch in der jeweiligen Region heimischer Würzkräuter, behelfen mussten. Erst mit zunehmender Verbesserung der Infrastruktur kamen nach und nach alle Brauer in den Genuss des Hopfens.

Es gibt sowohl weibliche als auch männliche Pflanzen. Im Anbau befinden sich nur die weiblichen Hopfenpflanzen, denn nur sie haben die lupulinhaltigen und aromareichen Hopfendolden. Auf einem Hektar Hopfen werden je nach Sorte zwischen 3.600 und

4.500 Hopfenpflanzen angebaut. Ihre Lebensdauer beträgt bis zu 50 Jahre. Ins Auge fallen die mit dem Hopfenanbau verbundenen sieben Meter hohen Gerüstanlagen. 165 Masten sind pro Hektar erforderlich. Das Netz aus Querseilen und Längsdrähten ist im Boden verankert. Die Anlage muss das Gewicht des Hopfens – bis zu 100 Tonnen je Hektar – bei jedem Wetter tragen.

Überall dort, wo es um Hopfen geht, finden sich im fröhlichen Wechselspiel die Begriffe „Hopfendolden" und „Hopfenzapfen". Beide Begriffe sind bedeutungsgleich, lassen Sie sich also durch dieses Wechselspiel nicht verwirren.

Wie der Hopfen seine Kraft im Bier entfaltet

Hopfen ist ein Gewürz. Er ist für das Bier, was das Salz für die Suppe ist. Selbst für bittere Pilsbiere benötigen wir von der Masse her relativ wenig Hopfen, und doch entfaltet er die dominante geschmackliche Komponente.

Natürlich gibt es für die Hopfenbittere auch eine Maßeinheit, die sogenannte „Bittereinheit", kurz BE. Eine Bittereinheit entspricht 1 mg Alphasäure je Liter Bier. Ein Pils mit 30 BE enthält demnach 30 mg Alphasäure je Liter.

Die nackte Zahl sagt noch wenig aus über den tatsächlichen Geschmackseindruck. Hier die durchschnittlichen Bitterwerte in Deutschland typischer Biersorten anhand von Werten aus der Literatur.

Biersorte	Bittereinheiten [BE]
Weizenbier	12 – 20
Kölsch	16 – 22
Export / Festbier / Bockbier	20 – 30
Pilsener Biere	20 – 40
Altbier	30 – 40

Durchschnittliche Bitterwerte in Deutschland typischer Biersorten

Bittere ist jedoch nicht gleich Bittere. Bei einem Pilsener Bier ist die Bittere der dominante, der fast einzig entscheidende Geschmacksfaktor, sodass schon ein Pilsener Bier mit 30 BE vielen Menschen zu bitter schmeckt. Ein dunkler Doppelbock mit ebenfalls 30 BE erzeugt jedoch diesen Eindruck nicht, da hier zum einen die Vollmundigkeit des Doppelbocks und zum anderen die röstigen und malzigen Aromen aus dem dunklen

Hopfenanbau (Bild: Barth Haas Group)

Malz die Bittere maskieren, obwohl sie genauso vorhanden ist. Je mehr Geschmacks-komponenten also im Bier vorhanden sind, desto weniger bitter wirkt es bei gleichem Hopfengehalt.

Weltrekordhalter ist übrigens das „Bitterpils 100" aus der Hertel Brauvertrieb GmbH mit 100 BE. Das ist ein Erlebnis, das Sie sich einmal gönnen sollten. Die meisten unter Ihnen werden es allerdings nie wieder tun. Setzen Sie sich ganz ruhig hin, entspannen Sie sich, nehmen Sie einen Schluck Bitterpils 100, spülen Sie ihn ein wenig im Mund herum, schlucken Sie ihn genüsslich herunter, atmen Sie ein- bis zweimal tief durch, und dann wird sich die intensivste Bittere in ihren Rachen krallen, die Sie jemals wahr-genommen haben. Das ist was für experimentierfreudige Bierfans, die geschmackliche Extreme austesten möchten, und eben was für Freunde bitterer Biere. Neben dem Bit-terpils 100 bietet Kollege Dr. Marcus Hertel für Fans der Hopfenbittere auch ein „Bitter-pulver 100" an. Die Zeiten milder Biere sind damit vorbei. Eine Prise Pulver in ein mildes Bier und schon erhält es einen kernigen, bitteren Charakter. Mehr dazu unter www.ein-hundert.be

Nun würde es allerdings dem Hopfen in keiner Weise gerecht werden, seinen Geschmack nur auf die Bittere zu reduzieren, auch wenn das bei der Masse der Biere leider der Fall ist. Selbst der auf möglichst hohen Gehalt an Bitterstoffen hin gezüchtete „Bitterhopfen" enthält weitere Aromakomponenten, von denen die Hopfenöle die wichtigsten sind. Daneben gibt es auch den „Aromahopfen", der ebenfalls Bitterstoffe enthält, aber deutlich mehr Hopfenöle als der Bitterhopfen.

Das Thema Hopfenaroma ist ungleich komplexer als das der Hopfenbittere. Der Hopfen enthält hunderte aromaaktiver Substanzen. Doch damit nicht genug, diese Substanzen beeinflussen sich in ihrem Aroma untereinander und können ihre geschmackliche Wirkung vermindern oder steigern. Bedingt durch diese Komplexität gibt es bislang auch keine Messmethode für das Hopfenaroma, während für die Messung der Hopfenbittere eine einzige Messung ausreicht. Komplex wie die Anzahl der aromaaktiven Substanzen ist auch die Anzahl der daraus resultierenden Aromen. Viele davon vermutet man gar nicht im Bier. Hierzu zählen blumige, zitrusartige, johannisbeerartige oder grasige Aromen, Südfrüchte wie Mango oder Banane. Wenn Sie analog zum Bitterpils 100 einmal die volle Wucht des Aromahopfens austesten wollen – besorgen Sie sich am einfachsten im Internet ein „India Pale Ale".

Wie der Hopfen seine heilende Kraft entfaltet
Archäologen fanden heraus, dass die heilende Kraft des Hopfens bereits in der Neusteinzeit medizinische Nutzung fand. Auch in Nordamerika kannten viele Indianerstämme seine Wirkung [22].

Auch aus dem Mittelalter existieren entsprechende Zeugnisse. Aufzeichnungen arabischer Ärzte in Spanien im 12. Jahrhundert, aber auch Hildegard von Bingen und Paracelsus berichten davon. Der aus den Medien bekannte Professor Hademar Bankhofer beschreibt die Wirkungsbereiche des Hopfens [23]:
- Die beruhigende und schlaffördernde Wirkung des Hopfens entsteht aus dem Zusammenspiel von Bitterstoffen, Harzsubstanzen, Hopfenbittersäuren Humulon und Lupulon, ätherischen Ölen, Mineralstoffen, Flavonoiden und Pektin.
- Beruhigend auf den Magen bei Verstimmungen und Verdauungsstörungen wirken die Gerbstoffe. In Kombination mit den Bitterstoffen wirken die Gerbstoffe auch appetitanregend.
- Hopfen wirkt gegen leicht depressive Zustände und bei manchen Patienten auch bei nervös bedingten Herzbeschwerden.

- Xanthohumol als relativ neu entdeckter Inhaltsstoff des Hopfens ist derzeit Gegenstand von Untersuchungen in der Krebsforschung in der Hoffnung auf eine gewisse Therapiewirksamkeit.
- Pflanzliche Östrogene im Hopfen führen zu seinem Einsatz in der Frauenheilkunde, insbesondere in den Wechseljahren.

Fertigpräparate enthalten Hopfen oft in Verbindung mit anderen beruhigend wirkenden Pflanzen wie Baldrian, Passiflora, Melisse, Avena sitiva und Hypericum [24]. Großer Vorteil dieser pflanzlichen Mittel ist das weitestgehende Fehlen von Nebenwirkungen. [17]

Seit 2010 forscht Prof. Dr. Claus Hellerbrand an der Universität Regensburg im Rahmen einer Stiftungsprofessur wissenschaftlich die Rolle von Xanthohumol und anderen Inhaltsstoffen des Hopfens zur Therapie insbesondere bei Lebererkrankungen. Vorarbeiten deuten bereits auf ein vielversprechendes Potenzial hin. [25]

Die antimikrobielle Wirkung des Hopfens gegen bestimmte Bakterien basiert hauptsächlich auf seinem Gehalt an β-Säuren. Entsprechende Produkte finden bereits in der Zucker-, Ethanol- und Hefeindustrie erfolgreich Anwendung [17].

Auch im Ernährungssektor – zumindest in den Hopfenanbaugebieten selbst – ist Hopfen in handwerklichem Maßstab ein Thema in Form von hopfenhaltigen Schnäpsen, Wurst- oder Backwaren. Zukünftig ist ein gezielter Einsatz von neu entwickelten Hopfenextrakten mit gesundheitsfördernden Eigenschaften im Bereich der Functional Foods denkbar. [17]

Trotz dieser mittlerweile zahlreichen Einsatzgebiete des Hopfens in der Pharmaindustrie, dem Wellness- und Kosmetikbereich sowie der Teeproduktion ist und bleibt das Bierbrauen Haupteinsatzgebiet des Hopfens. Nach Schätzungen der Gesellschaft für Hopfenforschung, Wolnzach, gehen etwa 97 % der weltweiten Hopfenerzeugung ins Bier. Deutschland ist dabei nach wie vor Hopfenanbauland Nr. 1 in der Welt.[26] Der Einsatz in den genannten weiteren Bereichen steht noch am Anfang und bedarf weiterer Forschung und Innovation.

Wie der Hopfen zu Hause helfen kann

Zu allen genannten Anwendungen benötigen wir Hopfenzapfen, oft auch

Querschnitt durch eine Hopfendolde nach www.hopfenland-hallertau.de

Hopfendolden genannt. Wenn Sie das Glück haben, in einem Hopfenanbaugebiet zu wohnen, können Sie einfach bei der Hopfenernte Ende September miternten. Wegen des hohen Wassergehalts sollten die Hopfenzapfen schnell getrocknet werden, am besten auf einem Tuch auf einem Wäscheständer, der luftig und schattig steht. Die getrockneten Hopfenzapfen können Sie gut verschlossen für ein Jahr aufbewahren [17].

Wenn Sie den Heimvorteil des Hopfenanbaugebietes nicht haben und auch nicht die Möglichkeit haben, ihr eigenes Hopfenanbaugebiet im Garten anzulegen, dann können Sie die Hopfenzapfen natürlich auch käuflich in Apotheken oder im Internet erwerben.

Die klassische Anwendung zu Hause ist der **Hopfen-Tee**. Dabei übergießen Sie zwei gehäufte Teelöffel Hopfenzapfen mit einem viertel Liter kochendem Wasser, lassen sie 15 Minuten verdeckt ziehen, seihen den Tee ab, süßen nach Geschmack ein wenig mit Honig und trinken den Tee lauwarm. Eine Tasse zweimal täglich dient der Nervenberuhigung. Als Schlaftrunk erfüllt der Hopfenblüten-Tee seine Aufgabe am besten unter Zugabe von einem Teelöffel Baldrian-Wurzel eine halbe Stunde vor dem Zubettgehen [16].

Schon im 18. Jahrhundert wollte König George III. von England keine Nacht mehr ohne sein **Hopfenkissen** verbringen. Dazu stopfen Sie Hopfenzapfen, eventuell in Kombination mit duftendem Lavendel, in eine Kissenhülle und verschließen diese. Die ätherischen Öle aus Hopfen und Lavendel begleiten in einen ruhigen, tiefen Schlaf [17].

Neben den Atemwegen ist auch die Haut in der Lage, ätherische Öle aufzunehmen. Beide Organe kommen bei einem **Hopfen-Entspannungsbad** auf ihre Kosten. Ähnlich wie beim Tee übergießen Sie zehn Handvoll Hopfenzapfen mit zwei Liter kochendem Wasser, lassen sie 15 Minuten verdeckt ziehen, seihen ab und geben die Flüssigkeit dem heißen Badewasser zu. Nach nicht mehr als zehn Minuten im Bad packen Sie sich kuschelig warm ein, am besten gleich ins warme Bett [17].

Neben der Variante im Bier bietet der **Hopfen-Magenbitter** mit Sherry eine weitere reizvolle alkoholische Variante der inneren Anwendung dieser Heilpflanze. Dabei füllen Sie ein Ein-Liter-Einmachgefäß mit Hopfenzapfen, geben je nach

„Wolnzacher Hopfalaus" Hopfenlikör
(Bild: www.hopfenlausladen.de)

Geschmack 50 – 200 Gramm Kandiszucker hinzu und füllen mit einem trockenen Sherry bis oben hin auf. Nach maximal vier Wochen ist der Magenbitter fertig [17].

Neben dem Magenbitter gibt es eine ähnliche Variante als **_Hopfenlikör_**. Statt Sherry nehmen Sie hier 38 %igen Alkohol wie etwa Bierbrand oder Wodka. Dazu geben Sie je nach persönlichem Geschmack zur Abrundung ein wenig Vanille, Zitrone oder was Sie eben gerne mögen hinzu. Fertig ist der Hopfenlikör

Hopfen in seiner beliebtesten Form als warmes Bier mit Honig zur Linderung von Erkältungsbeschwerden empfiehlt der Deutsche Brauer-Bund. Erhitzen Sie Bier im Wasserbad auf maximal 40 °C und trinken Sie es in kleinen Schlucken kurz vor dem Schlafengehen. Die Wärme verstärkt die schmerzlindernde und beruhigende Wirkung des Hopfens. Sie werden müde, der Körper beginnt zu schwitzen und scheidet Schlacken und Giftstoffe verbessert aus. Legen Sie zusätzlich Wadenwickel an und der guten Besserung steht kaum noch etwas im Weg [27].

Zahlreiche Rezepte für zu Hause enthält ein eigenes Buch über den Hopfen, das sich schwerpunktmäßig dem Kochen widmet: „Das große Buch vom Hopfen" von Violette Tanner. [28]

Das goldene Buch vom Hopfen von Violette Tanner

Wie das Internet Informationen über den Hopfen liefert

www.hr-international.info – Fachzeitschrift
    über Hopfen aus Deutschland
    mit vollständigem Online-Archiv

www.deutscher-hopfen.de –
    Verband Deutscher Hopfenpflanzer e. V.

www.barthhaasgroup.com – Weltmarktführer
    im Bereich Hopfen und Hopfenprodukte

www.hopfenland-hallertau.de – größtes Hopfenanbaugebiet der Welt

www.locher-hopfen.de – Versand von Hopfenpflanzen, Hopfenzapfen und mehr

www.hopfenausladen.de – Hopfenlikör und Hopfendekoration

Noch besser Bier brauen mit Louis Pasteur

Die Gelegenheit bedarf eines bereiten Geistes.

So lautet ein Zitat des französischen Biologen und Chemikers Louis Pasteur (1822 – 1895). Und er besaß wahrhaftig diesen bereiten Geist und auch die Bereitschaft, diesen bei jeder sich bietenden Gelegenheit anzuwenden. Pasteur ist noch heute allgegenwärtig, denn er ist der Begründer und Namensgeber der Pasteurisation, der Haltbarmachung von Lebensmitteln durch Wärmebehandlung. Insbesondere auf vielen Getränken wie Milch, Säften und teilweise auch Bier und insbesondere Malztrunk taucht der Hinweis „pasteurisiert" auf.

Es ist eine Tragik des Schicksals, dass ausgerechnet Pasteur, dessen Erkenntnisse noch heute jeden Tag eine Vielzahl von Menschenleben retten und Erkrankungen verhindern, zwei seiner fünf Kinder durch die Infektionskrankheit Typhus verlor.

Louis Pasteur

Bis zu den Arbeiten Pasteurs war den Bierbrauern nicht bewusst, dass die alkoholische Gärung durch Mikroorganismen ausgeführt wird. Natürlich kannten sie die Hefe und wussten in gewissem Rahmen mit ihr umzugehen. Doch ihre wahre Natur als Mikroorganismus blieb verborgen und damit auch die endgültige Kontrolle über die Gärung.

Louis Pasteur wies in seinen Studien der Gärung seit 1856 nach, dass die alkoholische Gärung – ebenso wie der biologische Verderb – an den lebenden Organismus gebunden ist. Durch Versuche stellte er fest, dass die Mikroorganismen, die für die Gärung des Bieres verantwortlich sind, bei höheren Temperaturen absterben. Die Arbeiten beschrieben eine Wärmebehandlung in der geschlossenen Flasche bei Temperaturen von 69 °C bis 75 °C.

Seine Erkenntnisse bildeten die Grundlage für die Herstellung von Bier mit vorhersehbaren Qualitätseigenschaften, da bis dahin die spontane Gärung die übliche Verfahrensweise darstellte. Durch seine Erkenntnisse wurde der Grundstein für die Hefereinzucht und für eine kontrollierte Gärung geschaffen. Die damals gefundenen Abtötungsraten und die experimentell ermittelten Temperaturen stellen noch heute den Stand der Technik zur Haltbarmachung von Getränken und Lebensmitteln dar [29].

Louis Pasteur war Inhaber mehrerer Lehrstühle in Frankreich und Mitglied der Akademie der Wissenschaften und der Medizin. Er entwickelte Impfstoffe gegen Cholera, Milzbrand, Tollwut und Diphterie. Ihm zu Ehren wurde 1888 in Paris das Institut Pasteur eröffnet, das seine Forschungsarbeiten noch heute weiterführt.

Noch besser Bier brauen mit Carl von Linde

Seit Beginn des Bierbrauens vor vielen tausend Jahren kämpften die Bierbrauer mit der Temperatur. Dieser Kampf verschärfte sich mit dem Aufkommen der untergärigen Brauweise, die Gärtemperaturen von 5 – 10 °C und Lagertemperaturen um den Gefrierpunkt benötigt. Als Resultat verkrochen sich die Brauer in Höhlen, gruben sich Keller und schlugen im Winter Eis um selbige zu füllen. Im Sommer und auch in heißen Ländern war es oft sogar unmöglich, Bier zu brauen.

„Eisgalgen" einer Brauerei
http://gv-eningen.blogspot.com/2010/12/auers-achalmbrauerei-der-wengenstrae.html

All dies änderte sich etwa zur gleichen Zeit, in der Louis Pasteur wirkte, und auch hier spielte ein Mann die Hauptrolle, dessen Name heute noch allgegenwärtig ist: Der deutsche Ingenieur Carl Paul Gottfried Linde, seit 1897 Ritter von Linde (1842 – 1934), und Gründer eines heute internationalen Konzerns, der Linde AG.

Bevor Carl von Linde am 21. Juni 1879 das Unternehmen Linde gründete, war er Professor der Maschinenlehre an der Technischen Hochschule München. Ein Preisausschreiben für eine Kühlanlage zum Auskristallisieren von Paraffin brachte ihn auf das Forschungsgebiet Kältetechnik.

Carl von Linde
(Quelle: Linde Group)

Es gab zwar bereits Kältemaschinen, doch diese arbeiteten ineffizient. Linde entwickelte **das theoretische Konzept einer „verbesserten Eis- und Kühlmaschine"** und veröffentlichte seine Forschungsergebnisse. August Deiglmayr von der österreichischen Brauerei Dreher und Gabriel Sedlmayr von der Münchner Spaten-Brauerei waren sofort interessiert, denn sie erhofften sich eine ganzjährig zuverlässige Kühlmöglichkeit für ihre Brauereien. Gemeinsam mit Carl von Linde gaben sie 1873 den Bau einer Versuchsmaschine nach Lindes Entwurf bei der Maschinenfabrik Augsburg (später MAN) in Auftrag. Dies war der Beginn einer langen Freundschaft zwischen dem Hause Linde und den Bierbrauern.

Noch heute funktionieren Kühlschränke wie Lindes Kältemaschine: Ein Kältemittel, beispielsweise ein leicht zu verflüssigendes Gas, wird durch Kompression erwärmt und an der Raumluft wieder abgekühlt. Anschließend wird das komprimierte Kältemittel durch Expansion deutlich unter die ursprüngliche Temperatur abgekühlt.

Die **erste Linde-Eismaschine** wurde 1874 in der Spatenbrauerei in München in Betrieb genommen. Eine anhand der ersten Betriebserfahrungen überarbeitete Kältemaschine ging 1877 in der Brauerei Dreher in Triest in Betrieb und lief dort 31 Jahre lang.

Trotz des Erfolgs seiner Eismaschine entwickelte Linde, stets um Verbesserungen bemüht, anschließend eine dritte, horizontale Konstruktion. Diese neue Kaltdampfmaschine erwies sich – gemessen am Preis-Leistungs-Verhältnis – als die beste am Markt und wurde für Jahrzehnte zum Standard. Lindes Kältemaschinen galten als zuverlässig, langlebig, sicher und sparsam.

Nachdem Linde zusammen mit seinen befreundeten Brauern ein zuverlässig funktionierendes und wirtschaftlich arbeitendes Kältesystem entwickelt hatte, fand er international schnell Käufer. Zu diesen zählten 1877 die Brauerei Heineken in Rotterdam und 1878 die Brauerei Carlsberg in Kopenhagen.

Karl Lang, technischer Berater und Aufsichtsrat mehrerer rheinischer Brauereien, und deren Direktor Gustav Jung bestellten nicht nur Linde-Anlagen, sondern übernahmen auch Gesellschaftsanteile und Aufsichtsratsposten der Gesellschaft Linde. Die Verbindung der Brauereidirektoren zur Gesellschaft Linde blieb zum Teil über mehrere Generationen hinweg erhalten. So übernahm Gustav Jung nach dem Tod von Karl Lang (1894) den Vorsitz im Aufsichtsrat. Sohn Adolf Jung folgte 1886 nach. Carl Sedlmayr nahm für seinen Vater Gabriel den Sitz im Aufsichtsrat ein, und ab 1915 folgte mit Anton Sedlmayr die dritte Generation dieser Familie. Die Familien Jung und Sedlmayr behielten ihre Aufsichtsratssitze bis nach dem Zweiten Weltkrieg.

Die erste verkaufte Linde-Eismaschine (Quelle: Linde Group)

Neben den Brauereien entwickelten sich **Schlachthöfe** zu den wichtigsten Abnehmern für Kälteanlagen. Erst durch die neue Kühltechnik konnte Fleisch nun länger gelagert und über weitere Strecken transportiert werden, ohne dass es verdarb. Die Kälteanlagen von Linde kühlten dabei nicht nur die Luft, sondern reinigten und trockneten sie gleichzeitig, um die Bildung von Kondenswasser zu vermeiden.

Weitere Einsatzgebiete für die neue Kältetechnik waren unter anderem Eisbahnen zum Schlittschuhlaufen, Kühl- und Gefrieranlagen für Schiffe und Eisenbahnwaggons, Anlagen zur Luftentfeuchtung und -kühlung in Wohnräumen und Industrieanlagen zur Milchkühlung in Molkereien oder zur Kühlung in Zucker- und Schokoladenfabriken.

Noch bessere Wirtschaftskraft mit Bier

Bislang handelte diese „Bierbel" vorrangig vom Bier selbst, von seinen Rohstoffen und von der Technik in Brauereien. Doch das Thema Bier gestaltet sich noch weitaus vielseitiger. Befassen wir uns einmal mit dem Thema Wirtschaft. Die Brauwirtschaft stellt einen wichtigen Wirtschaftsfaktor dar. Dies wird täglich und allgemein erkennbar daran deutlich, dass

- der Bierbrauer seit dem Mittelalter ein eigenständiger Beruf bis hin zum universitären Studiengang „Brauwesen und Getränketechnologie" ist,
- es eigene „Biergroßhändler" und auch „Bierkneipen" gibt,

Börsenkurse mal anders – Karikatur von Peter Strunk

- sowohl der Getränke- als auch der Lebensmittelhandel erhebliche Teile seines Umsatzes durch Bier erwirtschaftet,
- das Bier meist wesentliche Teile der Getränkekarte sogar in Cafés, Fast-Food-Gastronomien oder ethnischen Restaurants einnimmt,
- ein erheblicher Teil des Werbebudgets in den verschiedensten Medien von Brauereien erbracht wird und
- viele Vereine, insbesondere Sportvereine, ohne das Sponsoring aus Brauereien wirtschaftlich nicht überlebensfähig wären.

Diese eher qualitativen Aussagen lassen sich jedoch auch quantitativ durch harte Zahlen aus der europäischen Wirtschaft ausdrücken, die sicherlich in anderen Erdteilen ähnlich sind [30]:

- Europas 3.000 Brauereien bieten 164.000 Menschen Arbeit.
- Von einem Arbeitsplatz in der Brauwirtschaft hängen weiterhin ab
  - einer im Handel,
  - zwei in der Zulieferindustrie und
  - fast zwölf in der Gastronomie.
- Hinzu kommen an weiteren von der Brauwirtschaft abhängigen Arbeitsplätzen insgesamt
  - 3.000 in Werbeagenturen,
  - 38.000 in der Verpackungsbranche,
  - 15.000 im Maschinenbau und
  - 145.000 in der Landwirtschaft.

Insgesamt sorgt die Brauindustrie damit für 2,6 Mio. oder rund 2 % der Arbeitsplätze in Europa. Dies entspricht etwa der Größe der Volkswirtschaften mittelgroßer europäischer Länder wie Finnland, Dänemark oder der Slowakei. Rein statistisch gesehen tragen also die Bierliebhaber Europas entscheidend dazu bei, die Arbeitslosigkeit in erträglichen Dimensionen zu halten.

Deutschlands einziger Bierkönig

Es kann nur einen geben. Dieser Eine, Deutschlands einziger Bierkönig, seine Majestät Fritz I. von Kirchheimbolanden, trägt den bürgerlichen Namen Fritz Hörner.

Bierkönig Fritz I. von Kirchheimbolanden

Der Begriff „Bierkönig" ist patentrechtlich geschützt, außer ihm darf es keinen zweiten „Bierkönig" geben. Zusammen mit der Kirchheimbolandener Braugerstenkönigin repräsentiert der Bierkönig die Stadt bei den verschiedensten Anlässen, etwa Märkten, Umzügen und Krönungen und – für einen Bierkönig nicht unbedingt selbstverständlich – sogar bei Weinfesten. Beide Majestäten sind regelmäßig Gäste bei der Wahl der Hopfenkönigin in Wolnzach in der Hallertau und vertreten die Stadt Kirchheimbolanden beim Rheinland-Pfalz-Tag und auch beim Hessentag in Weilburg. [31]

Neben den Aktivitäten um ihren Bierkönig und ihre Braugerstenkönigin veranstaltet die Kleine Residenz Kirchheimbolanden seit 1986 alle zwei Jahre eine „Kerchemer Bierwoche", die am Fronleichnamswochende stattfindet. Hinter dieser Idee stand in den 1980er Jahren die Tatsache, dass aufgrund der europäischen Gesetzgebungsangleichung über das deutsche Reinheitsgebot von 1516 diskutiert wurde. Zur Stärkung dieses Reinheitsgebotes wurde die „Kerchemer Bierwoche" ins Leben gerufen, die 2011 zum 13. Mal durchgeführt wird.

Fritz I. (ganz links) beim Repräsentantinnentreffen 2010 in der Lahnsteiner Brauerei

Noch besser leben mit dem Biersommelier

Das Bier im Allgemeinen und das deutsche Bier im Besonderen ist weit besser als sein Ruf. Das wissen Bierbrauer und Freunde des Bieres seit langem. Doch genauso lange fristete dieses Wissen einen Dornröschenschlaf. Genauso lange lieferten sich Supermarktketten und Discounter immer neue Rabattschlachten selbst mit den „Fernsehbieren", Gastronomen hatten in ihrer Speisekarte wörtlich „Bier" stehen und ihre Gäste nahmen diese Einfachheit auf und bestellten auch einfach nur „Bier". Das gute, bessere und noch bessere Wissen über Bier schlummerte in vielen Geistern, allein es wurde nie umgesetzt.

Und dies gilt selbst für die Braustätten, die zum Experimentieren geradezu prädestiniert sind – für die deutschen Gasthausbrauereien mit ihren relativ kleinen Gefäßen. Besucht man eine deutsche Gasthausbrauerei, so findet man meist ein Helles, ein Dunkles und – wenn man Glück hat – noch ein Saisonbier im Ausschank.

Bierkeller eines Biersommeliers
(Quelle: Doemens Akademie)

Besuchen Sie statt dessen mal eine Gasthausbrauerei im Ausland. Sie werden überrascht feststellen, dass das Heft, das Ihnen der Kellner überreicht, nicht etwa die Speisekarte, sondern die Bierkarte ist. Und auf der finden Sie dann nicht selten 15 – in Worten **FÜNF-ZEHN** – selbst gebraute Biere, von Hellen und Dunklen über Weizen hin zu Porters, Stouts, Ales, Doubles, Triples, Quadruples und was auch immer. Und das auch versehen mit einer Beschreibung des Brauprozesses, der Sensorik und der wesentlichen Daten wie Stammwürze, Alkoholgehalt, Bitterwerte, Farbe oder verwendete Malze sowie der dazu passenden Speisen. So sieht Bierkultur aus.

Der Biersommelier ist einer der wesentlichen Schritte, vielleicht sogar der entscheidende Schritt, dass sich dies auch in Deutschland ändert. Der Biersommelier ist eine zweiwöchige Ausbildung mit Abschlussdiplom, die zur Hälfte an der Doemens Akademie in München und zur anderen Hälfte unter der Obhut des österreichischen Brauer-Bunds in der Nähe von Salzburg stattfindet. Ja, Sie haben richtig gehört, die Österreicher bringen den Deutschen das Sommelieren bei. So weit ist es mit uns gekommen.

Ziel der Ausbildung ist die Vermittlung von Bierwissen auf höchstem wissenschaftlichem Niveau, das die geprüften Sommeliers befähigt, sowohl den Kunden einer Brauerei, den Einkäufer als auch den Gast und den Gastronom zu beraten. Die Bier-Sommeliers sind zum einen Experten, um den Gast über den Herstellungsprozess des Bieres, die richtige Bierauswahl zur gewählten Speise und die positiven gesundheitlichen Auswirkungen des moderaten Bierkonsums zu informieren.

Zugangsvoraussetzungen zur Ausbildung zum Diplom-Biersommelier gibt es nicht. Der Biersommelier ist aber auch verantwortlich für die ausgeschenkte Bierqualität und die perfekte Präsentation des Bieres beim Gast. Er erstellt die Bierkarte, berät den Koch bei Biergerichten und organisiert den Biereinkauf. Ein wichtiges Tätigkeitsfeld in der

Brauerei ist das aktive Biermarketing mit Hilfe seiner profunden Kenntnisse über die herstellungstechnischen und sensorischen Besonderheiten der eigenen Biere. Viele Biersommeliers legen sich einen regelrechten „Bierkeller" zu, um den Erfordernissen ihrer Berufung Genüge tun zu können.

Seit Beginn der Ausbildung im Jahr 2004 haben bis Ende 2011 rund 350 Biersommeliers ihre Ausbildung erfolgreich beendet. Jährlich werden es in zwei bis drei Kursen bis zu 50 mehr. Die Kurse finden planmäßig zweimal jährlich jeweils zur „Sauren-Gurken-Zeit" der Brauer um den ersten April und um den ersten November statt. Aufgrund der hohen Nachfrage gibt es momentan teilweise

Farbkarte und Verkosterglas des Verbandes der Biersommeliers

Zusatzkurse. Klein bleibt die Zahl der Kursteilnehmer mit 16 pro Kurs. Wissensvermittlung auf hohem Niveau ist eben nicht in Masse möglich. Eine Erkenntnis, die interessanterweise oft wirkungslos verhallt, wenn sie von den Lehrern unserer Kinder kommt.

Jeder Bierfreund kann also auch ein Diplom-Biersommelier werden. Man muss lediglich die Kursgebühren von rund 2.500 € sowie die Kosten für Fahrt, Unterkunft und Verpflegung aufbringen und eben zwei Wochen Zeit haben.

Details enthält die Internetpräsenz der Doemens Akademie unter www.doemens.org

Der frisch gebackene Diplom-Biersommelier besitzt allerdings nicht nur ein Diplom. Er ist Teil einer Bewegung, einer Bewegung zum Wohle des Bieres. Diese Bewegung hat sich institutionalisiert. Es gibt mittlerweile einen Verband der Diplom-Biersommeliers, der mit www.biersommelier.de natürlich auch über eine eigene Internetpräsenz verfügt.

Sollten Sie den Aufwand scheuen, selbst ein Diplom-Biersommelier werden zu wollen – kein Problem. „Rent-a-Biersommelier" bietet Ihnen die Möglichkeit, nach solchen in Ihrer Region zu suchen und Sie für ihre Veranstaltung zu rekrutieren. Biersommeliers sind eine genauso käufliche Spezies wie viele andere. Zwar wenden wir unser Diplom stets mit großer Hingabe, Aufopferungsbereitschaft und Freude an, doch von irgendetwas leben müssen wir letztlich auch.

Der Verband der Biersommeliers kann mittlerweile auf einige interessante Projekte zurückblicken. So gibt es eine eigene Farbkarte für die Bierfarbe und ein eigenes Verkosterglas.

Der erste Biersommelier-Weltmeister

Ob der Biersommelier jeweils olympisch werden wird ist eine andere Frage. 47 Teilnehmer aus fünf Nationen ließen sich jedenfalls nicht abhalten, 2009 in Sonthofen die ersten Biersommelier-Weltmeisterschaften abzuhalten.

Über zwanzig Biere hat jeder Teilnehmer in der mehrstufigen Vorentscheidung verkostet und bewertet, bis die sechs Finalisten feststanden. Karl Schiffner, Sebastian Priller, Cornelius Faust, Stephan Stiegler, Eberhard Haizmann und Stefan Grauvogl zogen ins Finale ein. Die hochkarätige Fachjury war sich schnell einig, dass sich Karl Schiffner den Titel mit der fachlich perfekten und engagierten Bierverkostung der Bierrarität „Uerige Doppelsticke" verdient hat. Karl Schiffner ist somit der erste Biersommelier Weltmeister. Er wird jedoch nicht der letzte bleiben, denn die Weltmeisterschaften sollen nun alle zwei Jahre stattfinden. An Bewerbern wird es nicht mangeln, denn Karl Schiffner hat mittlerweile den Rang eines „Popstars" der Braubranche.

Karl Schiffner ist jedoch nicht nur Biersommelier Weltmeister, er ist in erster Linie erfolgreicher und richtungsweisender Biergastronom. In Aigen-Schlägl im oberösterreichischen Mühlviertel betreibt er sein „Biergasthaus Schiffner", ein wirkliches Vorbild für die bierorientierte Gastronomie.

Karl Schiffner, der erste
Biersommelier-Weltmeister

Schiffners Biergasthaus in Oberösterreich

Schiffners Bierkarte umfasst etwa 150 internationale Bierspezialitäten. Die Kombination von mit Bier gekochten Speisen und dem richtigen Bier zur Speise zieht sich wie ein roter Faden durch das Angebot. So gibt es etwa ein Bier-Kulinarium und ein BrewDog Dinner. Schiffner selbst beschreibt dies so:

Zu gutem Bier gehört auch gutes Essen. Gerade die bodenständige Mühlviertler Küche versteht es, aus den Schätzen des Landes besondere Schmankerl hervorzubringen. Das Bierkulinarium ist ein 5-gängiges Galamenü. Vorspeisen, Nachspeisen und die Hauptspeise sind jahreszeitlich angepasste Variationen. Zu den einzelnen Gängen werden jeweils die passenden Biere serviert (Auswahl aus über 100 Bieren) und in einem Vortrag viel Information zur Bierkultur gegeben. Abschließend erhält jeder Gast als Kenner der Bierszene eine Urkunde und ein Erinnerungsgeschenk überreicht.

BrewDog Dinner: Durch neue Kombinationen mit Bier und Speisen entsteht eine neue Arithmetik. Das Ergebnis ist größer als die Summe seiner Teile. 1 + 1 = 3

Um die Sache abzurunden, bietet das Biergasthaus Schiffner auch Übernachtungsmöglichkeiten in Form von Zimmern, Ferienwohnungen und Ferienhäusern an.

Karl Schiffner gibt sein Wissen über die Kombinatorik von Bierspezialitäten und erlesenen Speisen auch weiter. 2010 veröffentlichte er zusammen mit dem Journalisten Sepp Wejwar das Buch „Bier kombiniert – das passende Bier zu jeder Speise". [32]

Die Informationen und Abbildungen dieses Kapitels sowie vieles mehr über Karl Schiffner und sein Biergasthaus finden Sie im Internet unter

www.oberoesterreich.at/schiffner/

Bierbuch
„Bier kombiniert –
das passende Bier
zu jeder Speise"

Bei der zweiten Weltmeisterschaft der Biersommeliers im April 2011 trat Karl Schiffner wiederum an – jedoch als Juror. Seinen Titel verteidigte er somit nicht. Zweiter Weltmeister der Biersommeliers wurde Sebastian Priller-Riegele vom Brauhaus Riegele in Augsburg.

Bier – Genussmittel für alle Sinne

Bier ist viel zu schade, um es einfach nur zu trinken. Wer schnell seinen Durst löschen will, der kann dies auch mit Wasser erledigen. Genießen Sie die Vielfalt der Biere mit Augen, Nase und Zunge. Und das geht so:

Farbeindruck	EBC	Bierfarbe	SRM
Blond	4		2
Hell	5		3
Gold	6		3
	8		4
Orange	10		5
	12		6
Bernstein/Amber	16		8
Kupfer	20		10
Hellbraun	25		13
Braun	30		15
	40		20
Dunkel(braun)	50		25
	60		30
Schwarz	80		41

SRM = EBC/1,97

Die Bierfarbkarte (Quelle: Verband der Diplom-Biersommeliers)

Die Augen:

- Sehen Sie sich ihr Bier genau an, bevor Sie es zum Mund führen. Halten Sie ihr Glas ins Licht oder in die Sonne, am besten vor einem hellen Hintergrund wie einer weißen Wand.
- Welche Farbe hat das Bier? Die Vielfalt der Farben beim Bier ist unendlich und reicht von stroh- oder hellgelb über golden hin zum Bernsteinfarbenen, weiter zum hellen und dunklen Braun, manchmal auch über Rottöne bis hin zum Schwarz.
- Diese beeindruckende Bandbreite verdeutlichen die Farbeinheiten, in denen die Malzfarbe gemessen wird. Sehr helle Malze beginnen etwa bei 3 Farbeinheiten, während Röstmalze bis zu 2.000 Farbeinheiten erreichen. Entsprechend vielfältig ist auch die Farbe der resultierenden Biere.

- Ist das Bier klar, opal oder trüb? Filtrierte Biere sind klar, unfiltrierte trüb. Der Zustand dazwischen heißt „opal" – sozusagen ein bisschen trüb.
- Wie ist die Trübung beschaffen? Ist sie fein oder grob? Bilden sich Schlieren? Oder vielleicht sogar Brocken aus verklumpter Hefe?
- Hat das Bier einen Bodensatz? Egal wie intensiv die Trübung ist, egal wie grob die Brocken, es handelt sich immer um Naturstoffe wie Hefe, Eiweiße und Gerbstoffe.
- Welche Farbe hat der Schaum? Bei den meisten Bieren ist er weiß. Bei dunklen oder schwarzen Bieren kann seine Farbe mit ins Bräunliche gehen.
- Wie ist der Schaum beschaffen? Ist er grobporig oder feinporig? Fällt er schnell zusammen oder nicht?

Die Nase:
- Schnuppern Sie an ihrem Bier, bevor Sie es zum Mund führen. Viele Biere entfalten einen beeindruckenden Duft, insbesondere die, die mit einer großen Portion Aromahopfen, einer speziellen Hefe oder einem speziellen Malz gesegnet sind.

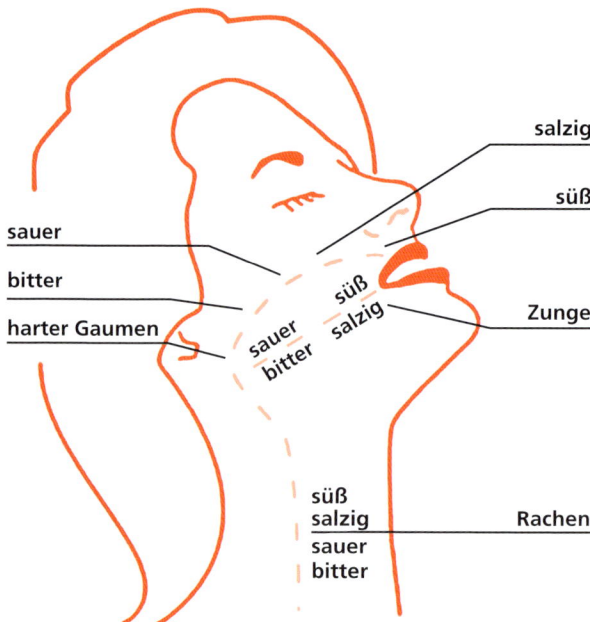

Wahrnehmung der vier Grundgeschmacksrichtungen (Quelle: Deutscher Brauer-Bund e.V.)

- Diese Biere enthalten verschiedene Naturaromen. Manche riechen fruchtig, nach Kräutern, nach Heu, Wald oder Wiese. Manche riechen estrig oder auch sauer, andere hefig, brotartig oder röstig.
- Schließen Sie beim Riechen die Augen, um die Blume optimal wahrzunehmen.

Die Zunge:
- Und nun das Finale: Trinken Sie ihr Bier, spülen Sie es im Mund ein wenig hin und her, schmecken Sie, spüren Sie An- und Abtrunk, auch dies am besten mit geschlossenen Augen.
- Der Geschmack entfaltet sich genauso vielfältig wie Geruch und Farbe. Dies allein schon deshalb, weil die Geschmacksrezeptoren für die vier Grundgeschmäcker süß, sauer, salzig und bitter unterschiedlich auf der Zunge und im Rachen positioniert sind.
- Aus dem Malz können süße, saure, röstige, ja sogar rauchige Aromen stammen, Der Hopfen steuert die Bittere, aber auch verschiedenste Aromen bei. Gleiches gilt für die Hefe in naturtrüben Bieren.

Natürlich gibt es auch für die professionelle Verkostung Richtlinien. Diese legt in Deutschland die Deutsche Landwirtschaftsgesellschaft, kurz DLG, fest. Wenn Sie also ganz professionell vorgehen wollen, achten Sie auf Folgendes:
- Die Geschmacksnerven funktionieren nur dann optimal, wenn sich ihr Körper in optimalem Zustand befindet. Verkosten Sie also nicht, wenn Sie durstig, hungrig, unter Zeitdruck, müde oder krank sind.
- Die Geschmacksnerven funktionieren nur dann optimal, wenn Sie nicht gestresst sind. Vermeiden Sie also vor der Verkostung alles, was sie stressen könnte, wie Speisen oder Getränke sowie Zigaretten.
- Die Geschmacksnerven stumpfen relativ schnell ab. Verkosten Sie daher maximal drei bis vier Biere am Stück.
- Neutralisieren Sie ihren Geschmack vor jedem einzelnen Bier mit stillem Wasser und Weißbrot oder Knäckebrot.
- Alle Biere sollten optimale Verkostungstemperatur von 15 °C haben.
- Alle Biere sollten in identischen und neutralen Gläsern zur Verkostung kommen.
- Vermeiden Sie Ablenkung jeglicher Art wie etwa Lärm.
- Schließen Sie beim Riechen und Schmecken die Augen oder verkosten Sie in einem neutralen Raum.

Bier und Wein – ein sensorischer Vergleich

Anhand der Neigung des Autors könnte der Verdacht entstehen, dieser Vergleich sei zugunsten des Bieres manipuliert worden. Um diesem Verdacht aus dem Wege zu gehen, stammt der folgende Vergleich gar nicht erst von mir. Dr. Wolfgang Stempfl, so etwas wie der „Urvater aller Biersommeliers", der auch Wein-Sommelier ist, präsentiert ihn im Rahmen der Ausbildung zum Diplom-Biersommelier wie folgt:

Dr. Wolfgang Stempfl
(Quelle: Doemens Akademie)

Sorten: Weltweit existieren 130 Weinsorten gegenüber 150 Biersorten.

Farbe: Durch Variation der Rohstoffe Traube beim Wein und Malz beim Bier ist jeweils die gesamte Farbpalette abrufbar.

Aroma: Der Wein verfügt sowohl über weniger Rohstoffe als das Bier (Traube gegenüber Hopfen und Malz) als auch über weniger Inhaltsstoffe (2.000 bis 3.000 gegenüber 6.000 bis 8.000) als das Bier. Dadurch variieren die Aromen beim Wein insgesamt deutlich weniger als beim Bier.

Vollmundigkeit: Sowohl beim Wein als auch beim Bier ist die gesamte Bandbreite von trocken bis vollmundig abrufbar.

Rezenz: Wein enthält wenig bis gar keine Kohlensäure und ist daher wenig bis gar nicht rezent. Beim Bier dagegen gibt es die gesamte Palette von wenig rezent bis prickelnd.

Bittere: Beim Wein tritt Bittere nur in Form von Adstringenz durch oxidierte Gerbstoffe auf, ähnlich einem schwarzen Tee, der längere Zeit stehenblieb. Beim Bier besteht eine hohe Bandbreite von süß bis bitter durch den Einsatz von Hopfen.

Rechnen wir die sechs genannten Punkte zusammen, so ergibt sich in drei Punkten ein Unterschied. Dreimal hat das Bier die „Nase vorn", der Wein dagegen in keinem der genannten Punkte. Das Bier geht somit als ganz klarer Sieger nach Punkten aus diesem Duell hervor.

Zwickel-Bier – Dichtung und Wahrheit

Eine ewig junge Devise für Redner wie für Brauereiführer und Seminarleiter lautet:

Beziehe Dein Publikum ein!

Dieser Devise folgend stelle ich bei der Vorstellung des „Zwickel-Bieres" regelmäßig die Frage:

Kennt jemand die Bedeutung des Begriffes „Zwickel-Bier"?

Es ist kaum zu glauben, wie kreativ die Menschheit mit diesem Begriff umgeht. Hier eine kleine Auswahl aus allem, was mir im Laufe der Jahre so begegnete, ergänzt durch Wikipedia. Ein Zwickel (umgangssprachlich: Zwickl) kann sein:

- **Kugelzweieck**, ein Kugelflächenausschnitt aus der sphärischen Geometrie
- **Zwickel (Textil)**, ein keilförmiger Stoff- oder Lederstreifen, der in ein Kleidungsstück eingesetzt wird
- **Zwickel (Münze)**, ein in Süddeutschland und Österreich gebräuchlicher, volkstümlicher Begriff für eine Münze mit der aufgeprägten Einheit „2", beispielsweise das 2-Mark-Stück oder das 2-Euro-Stück
- **Zwickel (Großhirn)**, ein keilförmiger Teil der Großhirns, der das Sehzentrum enthält
- **Zwickel (Architektur)**, in der Architektur eine dreiseitige Fläche an Bögen und Gewölben
- **Zwickel (Schweißnaht)**, in der Rohrindustrie der Kreuzungspunkt zweier Schmelzlinien
- **Zwickel (Speise)**, eine deutsch-rumänische Speise aus roter Rübe und Meerrettich
- **Zwickeltag**, eine in Teilen von Österreich gebräuchliche Bezeichnung für einen **Brücken-** oder Fenstertag
- **Kneifer**, eine bügellose Brille, die auf dem Nasenrücken „festgezwickt" wird, auch als Zwickel oder Zwicker bekannt
- **Spickel**, in der Heraldik das Dreieck
- der Hohlraum zwischen den Partikeln eines Haufwerks, siehe **Haufwerk**
- **Zwickel (Geologie)** ist der Raum an den Korngrenzen zwischen **Kristalliten** oder anderen **Aggregaten** in Gesteinen, der mit anderen Mineralen ausgefüllt sein kann
- **Klaus Zwickel (* 1939)**, früherer Vorsitzender der IG Metall

- **Wolfgang Zwickel** (* 1957), deutscher evangelischer Theologe
- **Dániel Zwickl**, ungarischer Tischtennisspieler
- **Helmut Zwickl** (*1939), österreichischer Journalist und Autor

Dies alles trifft die Wahrheit des Zwickels und des Zwickel-Bieres in der Brautechnik nicht. In der Brautechnik finden wir eine Vielzahl von Gefäßen, in denen die Würze zu Bier vergoren wird und in denen das Bier anschließend reift und lagert. In diesen Tanks ist das Bier unfiltriert und naturbelassen. Am unteren Ende eines jeden dieser Gefäße befindet sich ein kleiner Hahn, um Proben zur Kontrolle zu entnehmen. Dieser kleine Hahn heißt in der Sprache der Brauer „Zwickel". Das daraus auslaufende Bier ist unfiltriert und naturbelassen. Entsprechend abgefüllte Biere heißen daher „Zwickel-Biere".

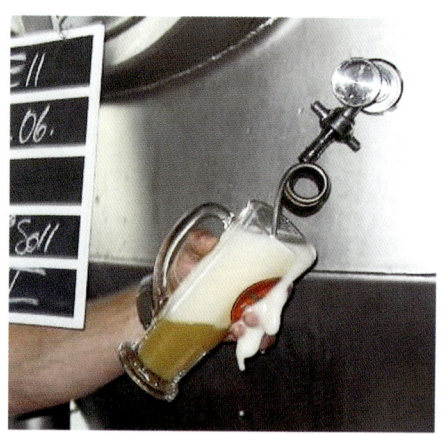

Brauer beim „Zwickeln"
(Quelle: www.weyermann.de)

Machen Sie sich jedoch bei Ihrer nächsten Visite in Ihrer Lieblingsbrauerei nicht die Mühe, nach den Zwickeln zu suchen. Man kann sie nur mit einem Spezialschlüssel öffnen …

Die schönste Definition des Zwickels lieferte jedoch eine nette Dame, die im Frühjahr 2010 ein Bierseminar der Lahnsteiner Brauerei besuchte:

Mein Mann hat auch einen,
und was dort rauskommt,
ist auch naturtrüb.

Realistisch betrachtet war sie der Wahrheit um einiges näher als viele der eingangs geschilderten Versionen.

Noch schneller trinken mit Bier – der Weltrekordhalter

Peter Dowdeswell – der Weltrekordmann für Essen und Trinken

Jeder von uns kennt Menschen, die viel schneller trinken können als andere, in dem sie ihren Schluckreflex unterdrücken. So kann etwa mein Brauerkollege Robert Kunz, genannt „Kuno der Killerkarpfen", eine „Halbe" innerhalb von 2,3 Sekunden in sich hineinstürzen. Jeder kennt auch Menschen, die es durch Übung geschafft haben, relativ viel Bier trinken zu können, ohne dabei betrunken zu wirken.

Doch es gibt einen Menschen, dessen Trinkleistung bislang alle übertroffen hat. Dieser Mensch heißt Peter Dowdeswell aus Großbritannien und hat seit 1974 exakt 339 Weltrekorde im Bereich Essen und Trinken entweder aufgestellt oder gebrochen (Stand 27.9.2010). Über sich selbst sagt er: „Ich wurde geschaffen, um jede Nahrungs-Herausforderung von jedem, an jedem Ort und zu jeder Zeit aufzunehmen".

Hier einige von Peter Dowdeswells Weltrekorden im Bereich Bier:

- 1 Pint (0,568 Liter) in 0,45 Sekunden.
- 3 Pints (1,704 Liter) in 4,2 Sekunden.
- 2,0 Liter in 6,0 Sekunden.
- 2,0 Liter über Kopf in 14,6 Sekunden.
- 34 Pints (19,312 Liter) in 1 h

Die kaum zu begreifende Tatsache ist: Alkohol hat auf diesen Mann keinerlei Wirkung. Bislang hat die Medizin hierfür keinerlei Erklärung. Es gibt lediglich eine Vermutung, wie die zahllosen Rekorde erklärt werden könnten. Peter Dowdeswell hat übergroße Nieren.

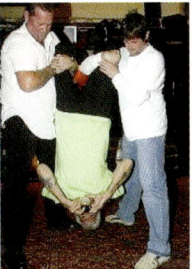

Peter Dowdeswell beim „Über-Kopf-Trinken"

Wer diese Nieren hautnah erleben möchte, kann Peter Dowdeswell regelrecht mieten. „How to book" heißt ein Bereich auf seiner Internetpräsenz www.peterdowdeswell.com, der auch die Bilder dieses Kapitels entnommen sind.

Seine außergewöhnlichen Fähigkeiten nutzt der vielfache Weltrekordler um denen zu helfen, die mit weniger Fähigkeiten gesegnet sind als er, und sammelt mit seinen Auftritten Geld zur Unterstützung von Einrichtungen für behinderte Kinder.

Das stärkste Bier der Welt

Welcher Bierbrauer möchte nicht gerne das stärkste Bier der Welt brauen? Ganz klar, jeder würde sich am liebsten damit beschäftigen. Zwei, die dies in den vergangenen Jahren exzessiv verwirklicht haben, sind die Brauerei BrewDog Ltd im schottischen Fraserburgh und die fränkische Schorschbräu.

Stand Anfang 2010 haben James Watt und Martin Dickie von BrewDog mit ihrem „Sink the Bismarck" die Nase vorn. Das Bier ist nach dem Kriegsfilm „Die letzte Fahrt der Bismarck" benannt, in dem es um die Jagd der britischen Marine auf das gleichnamige deutsche Schlachtschiff geht. Ob es den Schotten dabei darum geht, den bisherigen deutschen Rekordhalter Schorschbräu zu versenken? Auf ihrer Internetpräsenz www.brewdog.com erwecken sie zum Glück eher den Eindruck, dass es ihnen wie auch vielen deutschen Brauern um die Bierkultur geht.

Wie auch immer, „Sink the Bismarck" ist ein „Quadruple IPA" mit 41 Volumen-% Alkohol. Ein „India Pale Ale", kurz IPA, ist in der Normalversion bereits ein obergäriger Doppelbock mit einer gewaltigen Ladung an Aroma- und Bitterhopfen. Und dieses „Quadrupel IPA" enthält dies nochmals in vierfacher Dosis. Natürlich ist ein Alkoholgehalt von 41 % mit einer normalen Gärung nicht erreichbar. Kein Mikroorganismus überlebt einen Alkoholgehalt von 18 % oder mehr, auch die relativ alkoholtolerante Hefe nicht. Hier hilft nur eine Methode, die in Bayern vom „Eisbock" bekannt ist. Dabei braut man zunächst Bier und friert es dann ein. Da der Alkohol

Die Brauer von BrewDog mit ihrem „Sink the Bismarck"

einen sehr niedrigen Gefrierpunkt hat, friert zunächst nur das Wasser aus dem Bier aus, der Alkoholgehalt des resultierenden Bieres steigt. Das „Quadruple IPA" hat schon vor dem Einfrieren Doppelbockstärke und wird dann nochmals viermal ausgefroren, um die begehrten 41 % zu erreichen.

Stil und Geschmack dieses Bieres sprengen den sprichwörtlichen Rahmen. Die Brauer selbst bezeichnen sein Hopfenaroma als intensiv fruchtig, harz- und gewürzartig. In Form einer „Attacke auf die Geschmacksnerven" entwickelt die „unglaublich weiche

Flüssigkeit ein Crescendo von Malz, süßem Honig, Hopfenölen und einen Torpedo von Hopfenbittere, der andauert und andauert".

„Sink the Bismarck" ist zum stolzen Preis von 46 € je 330 ml Flasche ausschließlich online erhältlich.

Schorschbock aus Gunzenhausen

Doch bereits im Mai 2010 schlägt der bisherige Weltrekordler Schorschbräu aus dem fränkischen Gunzenhausen zurück. Schorschbock 43 heißt der neue Titelträger und übertrifft das schottische „Quadrupel IPA" nochmals um 2 %. Benannt ist er nach Braumeister Georg „Schorsch" Tscheuschner. An dieser Stelle Glückwunsch an Sie, Herr Kollege, für die philosophischere und unserem Berufsstand entsprechend menschenfreundlichere Namensgebung.

Der hochprozentige Gerstensaft hat jedoch auch in Franken seinen Preis. Eine 0,33-Liter-Flasche kostet 100 €, ebenfalls erhältlich online unter www.benz-weltweit.de/derbraeuvomberch. Dafür bekommt man aber auch ein Bier in limitierter Auflage gebraut. Außerdem ist jede Flasche vom Braumeister handnummeriert, signiert und mit Siegelwachs verschlossen. Wie die Schotten auf das neue Rekordbier reagieren, wird sich zeigen. Der Wettkampf wird in jedem Fall härter. So heißt es auf der Internetseite der Franken:

Das Fränkische Imperium schlägt zurück!
In unserer Milde und Gnade hatten wir beschlossen, dass die Anderen eine Zeit lang Freude daran haben dürfen, den Titel zu führen. Jetzt ist aber gut – ab sofort wohnt das stärkste Bier der Welt wieder da, wo es hingehört: in Franken!

Schorschbock 43 % Vol., weil Fränkische Männer Hosen tragen und nicht wie Mädels rumrennen.

Mittlerweile steigerten sich beide Brauer erneut. BrewDog präsentierte ein 51 %iges Bockbier mit Namen „The End of History". Ende 2011 hielt Schorsch Tscheuschner dagegen und braute einen neuen Schorschbock mit 58 % Vol. – 36 Flaschen 0,33 l je 200 €.

Noch besseres Wissen über das Bierbrauen in Ozeanien

Wer war der erste Bierbrauer Ozeaniens? Diese Frage ist so etwas wie der Alptraum eines jeden Kandidaten in einer Quiz-Show und würde sicherlich selbst historisch bewanderten Bierbrauern den Schweiß auf die Stirn treiben.

James Cook (1728 – 1779)
aus www.planet-wissen.de

Die Antwort ist jedoch – wie so oft – genauso nahe liegend wie logisch. In viele Länder außerhalb Europas und Vorderasiens kam das Bier zusammen mit den ersten europäischen Seefahrern. Der erste europäische Seefahrer, der Ozeanien näher erforschte, war Kapitän James Cook im Namen Ihrer Majestät. Wir kannten ihn also alle, diesen ersten Bierbrauer Ozeaniens. Nur kamen wir im ersten Moment nicht auf die Idee, dass er es gewesen sein könnte. Doch nun alles der Reihe nach.

Niemand hat die Karten dieser Welt so verändert wie der britische Seefahrer, Navigator, Kartograph und Entdecker James Cook auf seinen drei Reisen in den Jahren 1768 bis 1779. Anders als viele andere Seefahrer geht er dabei nicht als brutaler Eroberer vor. Cook begegnet anderen Völkern friedlich und verständnisvoll. Er will sie weder unterjochen noch ausbeuten, sondern von ihnen lernen. Dennoch vereint ihn der Tod wieder mit den Eroberern dieser Welt, denn Cook stirbt 1779 durch einen Keulenhieb im Kampf mit Hawaiianern.

In der Seefahrt spielt Bier bereits seit dem 15. Jahrhundert eine wichtige Rolle, die bis in die Zeit Cooks und auch darüber hinaus andauert. Drei wichtige Aufgaben werden dem Bier zugeschrieben [33]:

- Nahrungsmittel – ein stabiles Getränk und fester Bestandteil der Seemannskost.
- Luxus – es hilft die Härte und die extremen Bedingungen des Seemannslebens zu erleichtern.
- Medizin – es erhält die Gesundheit auf See.

Bier wird insbesondere als Waffe im Kampf gegen Skorbut angesehen. Dieser Kampf ist der vielleicht härteste, den die britische Marine in ihrer langen Tradition bestreiten musste. Im 18. Jahrhundert starben mehr ihrer Seefahrer durch den Skorbut als durch den Kampf – und in dieser Zeit herrschte fast dauernd Kampf und Krieg.

James Cook machte sich auch in diesem Kampf gegen den Skorbut einen Namen. Trotz seiner langen Reisen verhinderte er durch ein ganzes Bündel von Maßnahmen den Ausbruch von Skorbut unter seinen Seeleuten. Zu diesen Maßnahmen zählte auch die Versorgung der Seeleute mit Bier. Für seine Verdienste wurde ihm 1776 die Sir Godfrey Copley's Medaille der Royal Society of London verliehen. Eine Auszeichnung, die damals nur einmal jährlich für besonders nützliche und erfolgreiche experimentelle Untersuchungen verliehen wurde.

James Cooks Karte der Dusky Bay
nach www.davidrumsey.com

Lage des Dusky Sound auf der neuseeländischen
Südinsel nach http://en.wikipedia.org/wiki/
File:NZ-Dusky_S.png

Auf seinen Reisen schiffte sich James Cook stets mit einer stattlichen Menge Bier ein. Wann immer es möglich war, wurde während längerer Aufenthalte an Land Bier gebraut. Sogar auf See setzte man Sude auf Basis von Melasse oder Zuckersirup an.

Die Sternstunde für das erste ozeanische Bier schlug auf Cooks zweiter Reise von 1772 bis 1775, deren Hauptziel an sich die Erforschung der Antarktis war. Im Zuge dieser Reise landete Cook auch im Süden Neuseelands, das heute als eine der landschaftlich schönsten Regionen

der Erde gilt, und das er bereits auf seiner ersten Reise erkundet hatte. Zwei Monate blieben Cook und seine Seeleute dort in der Dusky Bay, einem der größten Fjorde an der neuseeländischen Küste, vor Stürmen durch eine vorgelagerte Insel geschützt. In dieser Zeit errichteten sie Werkstätten sowie ein Observatorium und knüpften Kontakte zu den Maoris. Und: Dort setzte James Cook am 1. April 1773 auch den ersten Sud auf ozeanischem Boden an. [34]

Sprossende Fichte im Frühling aus http://en.wikipedia.org/wiki/Spruce-beer

Dieser erste ozeanische Sud war ein ganz besonderer. Cook verwendete zwar Melasse zum Sud und eine Alehefe zur Gärung, die er beide aus England mitgeführt hatte, doch als Würzmittel verwendete er original neuseeländische Zutaten. Diese bestanden zum einen aus Fichtennadeln, zum anderen aus den Blättern des Manuka Baumes [35].

Wie man bei Wikipedia erfährt, stammt die Tradition des Fichtenbieres, in englischer Sprache „spruce beer", aus Nordeuropa und aus Nordamerika und damit eben dort her, wo es reichlich Fichten gibt. Man gibt zum Sud entweder nur die Fichtennadeln oder die Fichtenzweige oder aber den Saft derselben. In Abhängigkeit von der Fichtenart, vom Zeitpunkt der Ernte und auch vom Brauverfahren werden dem „spruce beer" die unterschiedlichsten Aromen von fruchtig oder zitrusartig über rosinen- bis hin zu ananasartig zugeschrieben. Dem Rezept von James Cook hat sich noch heute die Wigram Brewing Company in Christchurch www.wigrambrewing.co.nz verschrieben.

Ohne dass es ihm selbst jemals vollständig bewusst war, gelang dem britischen Kapitän damit ein entscheidender Schlag im Kampf gegen den Skorbut. Erst im Jahre 1923 – genau 150 Jahre nach Cooks erstem Sud – wurde die Ascorbinsäure entdeckt. Das Fehlen der Ascorbinsäure – anders gesagt Vitamin C – war die Ursache für den Ausbruch der „Seefahrerkrankheit" Skorbut und Cooks ozeanisches Bier trug mit dazu bei, dieses zu verhindern.

Neben der neuseeländischen Fichte verwendete James Cook eine weitere neuseeländische Besonderheit: die Blätter des Manuka-Baumes. Auch diese lebt heute mit „Captain Cooker Manuka Beer" in Neuseeland und in Belgien wieder auf. Näheres dazu unter www.captaincooker.com

Blatt des Manuka-Baumes aus www.nz-wine.de/Captain_Cooker_Mauka-Beer.htm

Die Maoris nennen diese Pflanze „Manuka". Die Wissenschaft nennt sie „lectospermium scoparium" und die Umgangssprache spricht ganz einfach vom „neuseeländischen Teebaum". Manuka-Holz ist außerordentlich widerstandsfähig und wird daher oft zur Herstellung von

Werkzeuggriffen eingesetzt. Manuka-Sägemehl entwickelt ein delikates Aroma und dient zum Räuchern von Fleisch und Fisch. Manuka-Honig ist im Vergleich zu anderen Honigsorten aromatischer, dunkler, vielfältiger im Geschmack und hat entscheidende antibakterielle Eigenschaften. Gleiches gilt für Manuka-Tee und Manuka-Bier. Seine wissenschaftliche Erklärung findet der „Unique Manuka Factor" im außerordentlich hohen Gehalt der Manukablätter an Antioxidantien. Auch dies ist ein Faktor, den James Cook so detailliert nicht gekannt haben kann. Dennoch notierte er in seinem Logbuch, dass seine Mannschaft noch nie so gesund, kräftig und vital war wie nach dem Aufenthalt in Neuseeland. Letztlich erfuhr er damit die Wirkung von Manuka und Fichte doch.

Der Manuka Baum aus aus www.nz-wine.de/Captain_Cooker_Mauka-Beer.htm

Der Rest der neuseeländischen Braugeschichte ist schnell erzählt. Mit dem Ablegen der Schiffe unter Cooks Kommando verschwanden die Europäer und damit das Bier zunächst aus Neuseeland und aus Ozeanien. Erst Mitte des 19. Jahrhunderts ändert sich dies durch eine gezielte Auswanderung von Briten und anderen Europäern. Diese gründen natürlich auch Brauereien und etablieren das Bierbrauen in Ozeanien, das aber letztlich den Entwicklungen in Europa folgt.

Die beiden größten Brauereigruppen, Lion Breweries und Dominion Breweries, dominieren heute über 90 % des Marktes. Hinzu kommen etwa 50 kleine Brauereien und Gasthausbrauereien, die zwar nur einen geringen Anteil am Marktvolumen beherrschen, aber einen großen Teil zur Biervielfalt beitragen. Bestes Beispiel hierfür ist das Manuka Beer. Hauptsorte ist helles Lagerbier. Der Bierkonsum erreichte 1978 mit 127,4 Liter pro Kopf und Jahr sein Maximum. Seither geht er ähnlich der Entwicklung in Deutschland kontinuierlich zurück. Auch die Ursachen dafür sind den unseren ähnlich: Die immer älter werdende Bevölkerung, ein stärker werdendes Gesundheitsbewusstsein, ein steigender Konsum von Kaffee und Veränderungen in der Wirtschaft und dem Geschmack der Konsumenten.

Unabhängig davon bleibt der Mythos des ersten Sudes in der Dusky Bay. Der Name und das Wirken des James Cook bleiben auch hier charakteristisch für die Entwicklung der pazifischen Region. Das Bier hat in Ozeanien die ursprüngliche Rolle der Medizin für die Seefahrer abgegeben. Die Rolle des Nahrungs- und Genussmittels wird es hier und überall in der Welt behalten, solange es Menschen gibt.

Noch besser leben mit Bier auf dem Meer

Was James Cooks Seeleuten Gesundheit und Freude schenkte, das könnte doch auch bei den heutigen Kreuzfahrern funktionieren. So dachten auch die Reeder der bekannten „Aida Cruises" und statteten am 9. Februar 2010 mit der „AIDAblu" erstmals ein Kreuzfahrtschiff mit einer Gasthausbrauerei aus. Und diese „AIDAblu" ist mit rund 2.000 Passagieren, 600 Mann Besatzung und 350 Millionen € Baukosten verteilt auf 252 m Länge und 14 Decks wahrlich kein Bananendampfer.

Die AIDAblu vor der Jungfernfahrt der ersten Gasthausbrauerei auf See

Erbaut hat diese Gasthaus- oder vielmehr „Gastschiffbrauerei" – das Münchner Unternehmen Joh. Albrecht Brautechnik, von dessen Internetpräsenz www.joh-albrecht.com auch die Abbildungen dieses Kapitels stammen. Und diese Gastschiffbrauerei scheint ein Erfolgsmodell zu werden, denn die beiden Schwesterschiffe der AIDAblu, die in den Jahren 2011 und 2012 vom Stapel liefen und laufen, erhalten ebenfalls eine solche Brauerei aus dem Hause Albrecht.

Doch was ist nun das Besondere an einer Gastschiffbrauerei? Auf den ersten Blick mag man denken: „Ist doch egal, ob ich die Brauanlage in ein Gebäude oder in ein Schiff hineinschraube." Im Normalfall ist dieses Denken sogar richtig, denn ein mächtiges Schiff vom Schlage der AIDAblu liegt dank Stabilisatoren auch bei voller Fahrt ruhig im Wasser. Bei genauerer Betrachtung ergeben sich einige Punkte, die den Konstrukteur gewaltig ins Schwitzen bringen.

Wie reagiert etwa die Hefe auf die trotz Stabilisatoren auf einem Schiff vorhandenen Vibrationen? Wie sind die Tanks zu befestigen, damit sie ein Notmanöver überstehen, bei dem das Schiff bis zu 17° Neigung erreichen kann, oder damit sie eine Kollision mit einem anderen Schiff oder einer Hafenmauer überstehen? Wie hält man den strengen USPH Standard der amerikanischen Gesundheitsbehörde ein, damit das Schiff auch in Nordamerika anlegen kann? Wie bereitet man die unterschiedlichen Wasserqualitäten auf, die in den einzelnen Häfen aufgenommen werden? Für diese und für viele weitere Fragen fanden findige Brauer und Anlagenbauer eine Lösung, und die ist nun auf der AIDAblu in Betrieb.

Drei Biersorten gibt es im Angebot der AIDAblu. Das ist einmal das Original, ein filtriertes obergäriges, bernsteinfarbenes Spezialbier. Das zweite ist ein untergäriges AIDA-Festbier mit 13,5 % Stammwürze, es geht in die Märzen-Richtung. Die dritte Sorte ist

Das erste Brauhaus auf hoher See

Brauanlage auf der AIDAblu

eine wechselnde Sorte – je nachdem, wo das Schiff gerade unterwegs ist, kann das Bier den regionalen Vorlieben gerecht werden.

In Suden von 5 hl werden im gläsernen Sudwerk 300 Sude jährlich, insgesamt also 1.500 hl, gebraut. Doch dies reicht für den Durst der Passagiere nicht aus. Man bedenke: Die Klientel ist kaufkräftig, im Urlaub und damit gelöster Stimmung und niemand muss noch mit dem Auto fahren. So finden im Brauhaus weitere 3.000 hl jährlich den Weg in die Kehlen. Diese kommen in den jeweiligen Häfen per Tankwagen an Bord.

Sogar eine Handabfüllung für 1,5 l Flaschen gibt es, damit die Gäste das AIDA Bier auf Landausflüge mitnehmen können. Und die Brauerei ist mit Führungen, Workshops und Seminaren auch Teil des Unterhaltungsprogrammes an Bord. [36]

Noch bessere Einsichten in die Welt der Biere – oder: Wird am deutschen Brauwesen die Welt genesen?

Ein Streifzug von Dr. Andreas Weideneder durch die internationale Bierwelt

Wenn einer eine Reise tut, dann kann er was erzählen. Im Rahmen meiner internationalen Tätigkeit als Unternehmensberater für die Brauindustrie bin ich auch als Bierbotschafter in der Welt unterwegs. Wenn man selbst aus einer bayerischen Brauerei (www.weideneder.com) stammt, beobachtet man die Sitten und Gebräuche im Ausland besonders aufmerksam, insbesondere den Umgang mit dem Produkt Bier sowie die Einstellung zu unserem deutschen Trinkkulturgut.

Diese Momente zählen offengestanden zu den Wertvollsten in meinem Leben, da einem bewusst gemacht wird, welchen Schatz wir im eigenen Land hätten, den wir aber leider viel zu sehr als Talent in der eigenen Erde und unter heimischen Biergärten vergraben. Und dabei wartet die ganze Welt nur auf unsere Initiative!

Deutschlands Synonyme Nummer eins und zwei sind doch unser Auto und unser Bier. Umso verwunderlicher ist es, dass man zwar weltweit an jedem Platz deutsche Autos sieht, weit seltener jedoch deutsches Bier antrifft, obwohl alle Ausländer davon schwärmen und mir von ihren Erlebnissen beim Oktoberfest und anderen Gelegenheiten berichten. Die Ausländer können nicht verstehen, wie ein so wunderbar mit Reichtum an Biervielfalt, Kultur und Qualität beschenktes Land wie eben Deutschland einerseits im eigenen Land so ungeschickt sein Produkt für Schleuderpreise vermarktet, andererseits sich in den internationalen Wachstumsmärkten im Vergleich zu den Zwergstaaten Belgien und Holland oder sogar einem Drittweltland wie Südafrika mit ihren doch bescheideneren und weniger markanteren Bierqualitäten nicht präsent zeigt und sich von den genannten den Rang

Weizengold – Erstes importiertes Weißbier vom Faß – East London/Südafrika, 2002 (Quelle: Dr. Andreas Weideneder)

rg Vierneisel (Panalpina), RR, Ernst R, Nik, Michael, Dr. Andreas Weideneder

ablaufen ließ. Es werden nahezu keine Lizenzen vergeben, keine Joint Ventures eingegangen und die Exportquote liegt mit 15 % weit abgeschlagen hinter Holland (50), Irland (41), Belgien (35) und Dänemark (30). Das mit rund 4 % pro Jahr bierumsatzwachsende Ausland wird als riskant eingeschätzt, im eigenen Land hat man sich jedoch als Banker aufgespielt – und häufig genug verspielt. Schuster – bleib bei deinen Leisten!

Als Kontrastprogramm zu obigem Szenario einige ermunternde Beispiele:

Man höre und staune: Im geächteten Bierwüstenland **USA** entwickelte sich seit Mitte der 90er Jahre eine Craft Brewer Szene, die mittlerweile vielerorts eine ähnliche Biervielfalt hat, wie in Deutschland noch vor 30 Jahren. Die Menschen scheinen sich dort am deutschen Vorbild ein Beispiel genommen zu haben. In Kneipen werden gegen Eintritt Bierverkostungen durchgeführt, die Biere – Beispiele in diesem Kapitel – stehen teilweise in Spezialitätengeschäften neben Weinraritäten zu hohen Preisen.

In **Südafrika** gibt es genau die spiegelbildliche Vielfalt auf dem Weinsektor, Bier wird hier als Massenprodukt mit im Vergleich zu deutschem Niveau bescheidener Qualität verkauft. Doch die Winzer in Südafrika haben selbst bei dieser Vielfalt und Menge im Angebot bisher jeglicher Versuchung widerstanden, ihr Produkt, dessen Exportquote übrigens bei 35 % liegt, unter Einstandspreisen zu „verramschen".

Selten habe ich bisher in Deutschland eine derartige Expertise und wertorientierte, nachhaltige Vermarktung derartiger Konsumgüter erlebt wie eben in Südafrika. Nur langsam beginnen wir deutschen Bierbrauer, mit Biersommeliers und bierigen Wellness-Angeboten in Hotels dem Wein etwas von seiner geschickten Vermarktung abzuschauen. Als ich 1997 erstmals Südafrika besuchte, fand ich ein nahezu jungfräuliches Zielgruppenpotenzial für Bierspezialitäten sowie dankbares Betätigungsfeld als deutscher Bier-

kulturbotschafter vor. Das Qualitätsbewusstsein der Südafrikaner ist bei anderen Konsumgütern sehr ausgeprägt, weshalb ein bayerisches frisches Weißbier oder ein Premium-Pils vom Fass auf fruchtbaren Konsumentenboden fiel.

Ein mit mir seit 1998 befreundeter weißer Südafrikaner, Gerhard de la Porte (nebenstehende Abbildung ganz links) und typischer,

„Bitte ein Bit" – zur Fußball-WM 2010
in Südafrika (Quelle: Gerhard de la Porte)

ehemals bierverachtender und bierscheuer Weinkenner wurde innerhalb kurzer Zeit vom „Weißbiervirus" erfasst. Er kennt Deutschland genauso gut wie Südafrika, leitet ein Getränkeimport- und -distributionsunternehmen (www.glenfair-beers.co.za) und kann die Vermarktbarkeit von deutschem Bier deshalb sehr gut einschätzen. Sein Statement zum Thema deutsches Bier: „Immer dann, wenn das Bier qualitativ hochwertig, in traditioneller Weise und liebevoll gebraut wird, stimmt meist das Endprodukt und kann man es ernsthaft genießen … und mühelos in allen Ecken der Welt vermarkten und erfolgreich verkaufen. Südafrika ist so ein Wachstumsmarkt für Premium-Nischenprodukte wie deutsche Bierspezialitäten".

Erst seit einigen Jahren wachen die deutschen Brauer von ihrem Dornröschenschlaf auf und beginnen ernsthaft, die Vokabeln „Internationalisierung" und „Kooperation" zu buchstabieren. In der Weltrangliste der größten Brauereien liegt Deutschland abgeschlagen auf Rang 36, die ersten drei Plätze werden von Brauern aus Belgien, Südafrika und den Niederlanden besetzt. Nirgends ist Bier so billig wie in Deutschland, weil es

Schneider-Brooklyn Hopfenweisse, Brauerei Schneider, Kelheim, Deutschland, und Brooklyn Brewery, New York, USA (Quelle: www.schneider-weisse.de)

eben weniger als Genussmittel, sondern mehr als Grundnahrungsmittel mit flächendeckender Versorgung, mit der weltweit größten Brauereidichte pro Quadratkilometer und deshalb weltweit einzigartiger Vielfalt zur Verfügung steht. Auch im Buch „Taste of Beer" von Roger Prootz wird dem Leser dieses Phänomen plastisch vor Augen geführt.

Weihenstephans Infinium
(Quelle: www.brauerei-weihenstephan.de)

Viele Länder haben eine historisch begründete vergleichsweise monokulturelle Bierwüstenei, weshalb es nach wie vor große Potenziale für deutsche Brauer gibt, dort ihr Bier zu platzieren. Dies habe ich während meiner bisherigen Geschäftstätigkeit in Südamerika (Brasilien), Asien (Südostasien, China, Korea, Vietnam, Thailand), Osteuropa (Ukraine, Russland), Afrika (südliches, nördliches und Zentral-Afrika) und Australien immer wieder bestätigt gefunden. Einige Brauereien wie Staatsbrauerei Weihenstephan, Schneider Kelheim, Hofbräu München, Schlossbrauerei Kaltenberg, Paulaner, Bitburger, aber auch Oettinger haben dies erkannt und engagieren sich mit zunehmendem Erfolg, sei es durch Gasthausbrauereien, Export, Lizenzvergabe oder aber Joint Venture Beteiligung.

Auch starten zarte Versuche der Gemeinschaftsvermarktung „Bayerisches" oder „Deutsches Bier" im Sinne von „Gemeinsam sind wir stärker". Dies würde dann auch den eigenen innerdeutschen Verkaufsdruck und das Dilemma 33 % überschüssiger Produktionskapazitäten etwas kompensieren und gleichzeitig den weltweit guten Ruf des deutschen Bieres verbreiten.

Es bleibt also zu hoffen, dass wir deutschen Brauer die Wertigkeit und Vielfalt unseres wunderbaren Produktes bewahren und dies auch so in die Welt hinaustragen.

Dr. Andreas Weideneder, Geschäftsführer
Öffentlich bestellter und vereidigter Sachverständiger der IHK München u. Oberbayern
für die Bewertung, Technologie und Projektierung von Anlagen für Mälzereien, Brauereien
und Erfrischungsgetränkebetrieben
Brau Consult BCW GmbH
www.brauconsult.eu

Noch besseres Wissen über die Anfänge des Bierbrauens in Deutschland

Mit Bier beginnt die Kultur

Wir Bierfreunde haben es uns wohl immer schon gewünscht, aber jetzt haben wir es schwarz auf weiß: Am Anfang unserer Kultur steht das Bier. Nicht nur am Anfang der Bierkultur, am Anfang der menschlichen Kultur überhaupt.

Die These ist, wie gesagt, nicht ganz neu, am Biertisch redet man ja so manches. Sie ist auch in der Wissenschaft schon einmal aufgetaucht: Im National Geographic hat Kurt Stoppkotte bereits 2001 darauf hingewiesen, dass es eine erstaunliche Parallele zwischen der Entdeckung der Bierbrauerei und der Entwicklung der Zivilisation gibt. Einen ähnlichen Hinweis konnte man – schon sechs Jahre vorher – bei Professor Solomon Katz von der University of Pennsylvania im Buch „The Origins in Ancient History of Wine" lesen, aber das hat bei uns wenig Verbreitung gefunden.

Anders ist das bei jenem Werk, in dem jetzt ein deutscher Professor ein überzeugendes Bild der menschlichen Entwicklung von den in den Wäldern hockenden Affen zu den am Biertisch sitzenden Menschen zeichnet. „Warum die Menschen sesshaft wurden" lautet der Titel des bei S. Fischer erschienenen Buchs von Joseph H. Reichholf – und die Antwort Reichholfs lautet schlicht: Weil sie miteinander Bier trinken wollten.

Natürlich handelte es sich dabei zu Beginn nicht um Bier, wie wir es kennen, das wäre auch zu viel verlangt.

Aber Reichholf schreibt die Biergeschichte und die Urgeschichte der Menschheit in einem wesentlichen Punkt um: Bisher lautete die weitverbreitete Vermutung, dass Bier entdeckt worden sei, weil eine schlampige Bäuerin einen zu wässrig ausgefallenen Brotteig stehen habe lassen – dieser wäre dann in Gärung gekommen und so habe man entdeckt, dass man „flüssiges Brot" eben auch als Bier trinken könne.

Reichholf widerspricht dieser Legende: Da war nämlich gar kein Brot, also auch kein Brotteig. Er zeigt nämlich, dass eine mehrere tausend Jahre große Zeitlücke zwischen dem ersten Auftreten von Getreidekulturen und dem Backen von Brot besteht: Vor 12.500 Jahren wurde ziemlich sicher das erste Mal Gerste angebaut, ohnehin eine für die Brotherstellung nicht geeignete Feldfrucht. Vor 9.800 kam der Weizen dazu, vor 8.600 Jahren Roggen, aber erst vor 6.500 Jahren wurden die ersten Brote gebacken. Diese Zeitlücke ist so groß, dass man sie nicht nur auf Fundumstände schreiben kann.

Dennoch galt bisher: Die sogenannte neolithische Revolution, das Sesshaftwerden der Menschen in richtigen Siedlungen mit Ackerbau und Viehzucht in der Jungsteinzeit, wäre eine Folge davon gewesen, dass die damaligen Menschen das vorhandene Wild praktisch ausgerottet hätten und nun praktisch aus Not zu einer nachhaltigen Wirtschaftsweise gefunden hätten. Reichholf rechnete nach und fand heraus: Es gab wahrscheinlich keinen Mangel an (Wild-)Fleisch. Und aus den frühen Formen von Getreide hätte man auch gar nicht genügend entspelzte Körner gewinnen können, um nennenswerte Mengen von Broten zu backen. Mit Bier als ursprünglichem Ziel der Nutzung von Gräsersamen (nichts anderes sind Getreidekörner) ergibt sich eine einleuchtende Deutung: Getreide war kein Fleischersatz in schlecht gewordenen Zeiten, sondern im Gegenteil ein Genussmittel, das man sich leisten konnte, wenn die Zeiten gut waren.

Die Informationen zu diesen Ausführungen sind der Kolumne „Mit Bier beginnt die Kultur" *von Conrad Seidl aus der Ausgabe 11-2008 der Zeitschrift „Getränkefachgroßhandel" ent-* *nommen* [37].

Bierbrauen im Mittelalter

Im Mittelalter, als das Bierbrauen bereits ein eigener Berufsstand geworden war, verstanden auch die jeweiligen Landesfürsten in Form von Steuern ihren Nutzen aus demselben zu ziehen. Dabei besteuerten sie im Gegensatz zu heute oft nicht das produzierte Bier, sondern die Rohstoffe Malz und Grut. Die Grut übernahm vor dem Siegeszug des Hopfens die Rolle des Würzmittels im Bier.

Abgegolten wurde das Grut- und Braurecht, soweit es sich nicht um Schenkungen handelte, mit einer regelmäßig zu entrichtenden Pacht, nebenbei bemerkt oft in der Form von Bier, sodass der Fürst, das Kloster oder auch die Stadt, ohne selber zu brauen, in den Genuss des Gerstensaftes kamen. Übrigens wurden auch andere Abgaben naheliegenderweise zu dieser Zeit vielfach in Form von Bier bezahlt. Die Bauern hatten teilweise sogar schon im siebten Jahrhundert den Höfen und Grundherren Bier zu liefern. Noch 1.100 erhielt das Benediktinerkloster im bayerischen Geisenfeld von seinen abgabepflichtigen Hintersassen jährlich 20.000 Liter Bier – und brauchte nicht mehr selbst zu brauen [9].

Viele heute gebräuchliche und oft im Mittelalter entstandene Redensarten benutzen wir, ohne uns darüber Gedanken zu machen, wie alt sie schon sind und was sie ursprünglich einmal bedeuteten. Und was noch viel schlimmer ist: Obwohl sie häufig einen „bierigen" Hintergrund haben, ist uns das gar nicht bewusst. [9]

Etwas auf dem Kerbholz haben

bedeutet nichts anderes, als „Bierschulden" zu haben. Für jedes Bier, das man schuldig blieb, schnitt der Wirt eine Kerbe ins „Kerbholz", das damals auch „Bierknüppel" genannt wurde.

Bereits 1516 ist in der Schelmenzukunft des Straßburger Dichters Thomas Murner von einer Zechprellerei zu lesen:

Mit meinen Fersen b'zahl ich das, was an der Kerben zeichnet was.

Daher stammt auch der heute noch gebräuchliche Ausdruck

Fersengeld geben.

Wenn in einem mittelalterlichen Brau- oder Bierhaus der Ausschank frischen Bieres begann, so zeigte sich dies oft in der „Bierzeige". Die Bierzeige war ein stumpfer Tannenbesen oder ein sternähnliches Holzgestell, in dessen Mitte sich ein Bierseidel oder der Gambrinus befand. Die zeitliche Länge des Bierausschankes war ein untrügliches Zeichen von der Güte oder der Minderheit des Haustrunkes (Anmerkung des Autors: Oder vom Durst der Bürger...). Noch heute existiert eine Art „Weinzeige" an der Mosel und an der Donau, wenn es den „Heurigen" gibt. Mit den aufkommenden Reinheitsgeboten und der stärkeren Kontrolle der Brauer verschwand die „Bierzeige" aus dem Straßenbild der deutschen Siedlung [9].

Bierzeige im mittelalterlichen Stadtbild nach [9]

Einen historischen Hintergrund besitzt sogar der berühmt-berüchtigte „Doktor Eisenbarth", der alljährlich in vielen

Karnevalssitzungen bemüht wird. Dieser „Wunderdoktor" kaufte sich im Jahre 1703 in Magdeburg für 3.500 Thaler das Brauhaus „Zum goldenen Apfel". Nicht verbürgt sind allerdings die zahlreichen Weisheiten und Allheilmittel, mit denen Doktor Eisenbarth in Verbindung gebracht wird. Hier einige Beispiele [9]:

Die sicherste Kur ist jedenfalls
der heilsame Trunk aus Hopfen und Malz!

Der reiche Bauer Friederich
Litt an 'nem Gallenstein fürchterlich.
Er schrie bei Tag und auch bei Nacht,
bis ihm ein Fass Bier ward gebracht.
Das trank Herr Friedrich Zug um Zug,
heraus sprang da der Stein im Flug!

Ich bin der Doktor Eisenbarth.
kurier`die Leut nach meiner Art:
Hatt einst ein Fräulein Auszehrung,
dem goss ich Braunbier in die Lung'.
Mein Gott, wie nahm das Fräulein zu,
es konnt schon springen in der Fruh.

Ähnlich wie der Doktor Eisenbarth hat auch der „Saupreiß", mit dem in Bayern gerne die Nicht-Bayern bedacht werden, einen historischen Hintergrund. Im Krieg 1866 hatte sich Bayern auf die Seite Österreichs gestellt und dafür eine ganze Weile unter preußischer Besatzung leben müssen.

Besonders bitter empfanden es die Bayern in den besetzten Landesteilen, dass es zunächst zu einer Bier-Zuteilung kam, die in ihren Augen die bayerische Welt geradezu auf den Kopf stellte, denn den Bayern wurde nur eine Maß pro Tag zuteil, während die Preußen ein Recht auf das Doppelte hatten. Das soll die Preußen dermaßen in Verruf gebracht haben, dass sie nun schon mehr als hundert Jahre lang mit diesem „Schimpfnamen" bedacht werden – wobei man in seinem bayerischen Zorn über die angetane Bier-Schmach auch andere nicht-preußische Reichsteile einbezog, gleichsam als ob man auf einen jeden böse wäre, der einem Bayern sein gutes Bier wegtrinken könnte [9].

Noch besser lachen mit Bier

Historisches, Antikes und Volkstümliches

Lasst niemals davon ab,
Bier zu trinken, zu essen,
Euch zu berauschen, zu lieben
und die schönen Tage zu feiern.
(Aus dem alten Ägypten)

Der Mund eines glücklichen Mannes ist mit Bier gefüllt.
(Aus dem alten Ägypten)

Hüte dich vor denen, die nur Wasser trinken
und sich am nächsten Tag daran erinnern,
was die anderen am Abend zuvor gesagt haben.
(Aus dem alten Griechenland)

Wer mit zwanzig nicht stark,
mit dreißig nicht schön,
mit vierzig nicht weise
und mit fünzig nicht reich ist,
bei dem ist Hopfen und Malz verloren.
(Deutsches Sprichwort)

Die Kirche ist nahe,
aber die Straße ist vereist.
Bis zur Kneipe ist es weit,
aber ich kann ja vorsichtig laufen.
(Russisches Sprichwort)

Wer Bier trinkt, lebt hundert Jahre.
(Aus Italien)

Zeit macht aus einem Gerstenkorn eine Kanne Bier.
(Aus Lettland)

Glücklich ist die Mutter,
die einen Brauer zur Welt bringt.
        (Spruch unter einem Wandgemälde im Prager Bierlokal „U Fleku")

Der Geruch des Bieres ist der Duft der Düfte.
Er ist der Urduft unseres irdischen Lebens,
der Duft der Harmonie,
des Friedens und der Heimat.
        (Zitat von J. Jürgens, gelesen im Brauhaus Päffgen, Köln)

Hier fließen Ruhr, Rhein, Lippe, Emscher und Bier.
        (Auf einem Bierdeckel der Brauerei Stauder, Essen,
        im Zuge Ernennung der Stadt Essen zur Kulturhauptstadt Europas 2010)

Malz ist der Laib des Bieres,
das Wasser die Schuhe, in denen es läuft,
der Hopfen aber ist das Gewand des Bieres.
        (Zitat von Cord Heinrich Knoll
        aus dem Roman „Der Fluch des Bierzauberers"
        von Günther Thömmes [38])

Bieriger Glückwunsch.
Foto: Jochen Knobloch für Susy Card,
eine Marke der Herlitz PBS AG

Alte und neue Weisheiten

Trinket die Blume,
Gambrinus zum Ruhme!

Ein alter weiser König war
des Bieres erster Schenke
drum ist es ein so herrliches,
so fürstliches Getränke!

Heil Euch, wer an Gambrinus glaubt!
Er macht mit seinen Gaben
den Jüngling zum bemoosten Haupt,
den Greis zum fröhlichen Knaben!

Hast du Kummer, Liebesschmerz,
drück ein Seidel dir ans Herz!
Und: Trifft Amors Pfeil dich,
rath ich dir:
Wasch aus die Wunde
gut mit Bier!

Der Herr da drüben bestellt sich noch ein Bier;
das ist angenehm, denn dann brauch ich
mir keinen Vorwurf zu machen,
dass ich gelegentlich auch einen zische.

Wer Biere fälscht und sie verkauft,
verdient, daß er sie selber sauft.

Bet, Wandersmann, drei Vaterunser,
hier liegt ein arger Bierverhunzer.

Trink, solange der Maßkrug winkt,
nütze froh die Tage;
ob du auch oben trinken kannst –
das ist eine Frage.

G'nau, sagt der Stammgast,
es fehlt uns net
an Dichtern und Gesang;
wer aber was vom Bier versteht,
der trankt`s und singt net lang.

Oh Alkohol, oh Alkohol,
dass du mein Feind bist, weiß ich wohl,
doch in der Bibel steht geschrieben,
du solltest deine Feinde lieben.

Bei kaltem Wetter läuft die Nase.
Bei kaltem Bier passiert's der Blase.

Alkohol ist eine Flüssigkeit,
in der man alles konservieren kann außer Geheimnissen.

Wo mit Liebe gebraut wird,
schmeckt das Bier am besten.

Ein böses Weib,
ein saures Bier,
behüt' der Himmel uns dafür.

Die Familie ist das Wichtigste im Leben.
Trinken sie Brüderschaft.

Das einzige Gemüse, das ich mag, ist das Bier.

Am 8. Tag schuf Gott das Bier,
und seitdem hört man nichts mehr von ihm.

Das Wasser gibt dem Ochsen Kraft,
dem Menschen Bier und Rebensaft,
drum danke Gott als guter Christ,
dass du kein Ochs geworden bist.

Auch Wasser wird zum edlen Tropfen,
mischt man es mit Malz und Hopfen!

Beim Brauen gesungen,
gerät das Bier.

Bierbrauer Bauer braut braunes Bier,
braunes Bier braut Bierbrauer Bauer.

Wo man Bier trinkt, da lass dich nieder,
denn bösen Menschen ist das Bier zuwider.

Wer nicht liebt das braune Bier,
der lebt als armer Schlucker hier,
denn der edle Gerstensaft
ist's, der frohe Menschen schafft.

Eines darfst du nie vergessen,
drei Maß Bier sind auch ein Essen!

Ein reiner, frischer Gerstensaft
gibt Herzensmut und Muskelkraft.

Hol dir ein Bier und der Geist bleibt hier.

In Wein und Bier ertrinken mehr denn im Wasser.

Iss Brot und trink Bier wie es Brauch ist im Lande.

Du sollst den Vater Hopfen
und die Mutter Gerste achten
und sie als Schöpfer deines Wohlstandes betrachten!

Kein Bier vor vier.

Ein Mann ohne Bier ist wie ein Rasenmäher ohne Gras.

Das Bier, das nicht getrunken wird,
hat seinen Beruf verfehlt.

Der Tag hat vierundzwanzig Stunden
genauso viele, wie Bierflaschen in einer Kiste sind.
Das kann doch wohl kein Zufall sein.

Durst wird durch Bier erst schön.
    (Werbung, BRD)

Bier macht den Durst erst schön.
    (Werbung, BRD)

Deutsches Bier – das reinste Vergnügen seit 1516.
    (Werbung, BRD)

Wer hier trinkt, um zu vergessen,
den bitten wir, zu zahlen.
    (Gesehen in der Gaststätte „Braukeller" in Köln)

Ein Mann kommt im Wirtshaus mit einem Bayern ins Gespräch und fragt ihn, wie viel Bier er täglich trinkt. Der Bayer antwortet: „Vier Mass." Der Mann entgegnet: „Ich könnte nicht einmal so viel Wasser trinken." Darauf der Bayer: „Ich auch nicht."

Ein Mann lässt im Biergarten eine Limonadenflasche mit viel Kohlensäure fallen, öffnet sie aber dennoch sofort. Der Inhalt schießt hinaus und bespritzt einen zufällig danebenstehenden Bierbrauer von oben bis unten. Der Mann entschuldigt sich sogleich und bietet dem Bierbrauer an, die gesamte Kleidung auf seine Kosten reinigen zu lassen. Darauf der Bierbrauer: „Guter Mann, sorgen Sie sich nicht um mich, ich habe zum Glück nichts in den Mund bekommen."

Das obergärige Bier bekommst du am Ausschank im ersten Stock, das untergärige am Ausschank hier unten.
(Wolfgang Schumann, Freund der Lahnsteiner Brauerei, am 5.9.2010 auf die Frage nach dem Unterschied zwischen ober- und untergärigen Bieren)

Prominente und das Bier

Als noch niemand wusste, wozu Gerste gebraucht werden könne,
hat Dionysos den Trank erdacht und hat es diejenigen gelehrt,
bei denen keine Weinberge sind, damit sie nicht,
wie Gänse und Enten, Wasser zu trinken brauchen.
(Christoph Weigel, Chronist aus Regensburg, 1698)

Bier ist der überzeugendste Beweis
dafür, dass Gott den Menschen
liebt und ihn glücklich sehen will.
(Benjamin Franklin, amerikanischer Staatsmann, 1706 – 1790)

Ein günstiger Wind trieb den
Menschen zur Entdeckung des Biers.
(Washington Irving, amerikanischer Schriftsteller, 1783 – 1859)

Der Bayer hat ein irdisches Verhältnis zur Religion und ein mystisches zum Bier.
(Horst Seehofer)

Jeder Tag ohne Bier ist ein Gesundheitsrisiko.
(Dr. Fritz-Ludwig Schmucker, ehemals Geschäftführer Bayrischer Brauer-Bund e. V.)

Trinken ist ein Bedürfnis,
genießen ist eine Kunst.
(frei nach La Rochefoucauld)

Das Trinken soll zuerst das Auge erfreuen und dann den Magen.
(frei nach Johann Wolfgang von Goethe)

Besser der Arsch leidet Frost,
als der Hals Durst.
(Martin Luther)

Ich sitze hier und trinke mein gutes Wittenbergisch Bier
und das Reich Gottes kommt von ganz alleine.
(Martin Luther)

Ich trinke, wenn sich mir eine Gelegenheit bietet,
und ich trinke auch, wenn sich mir keine Gelegenheit bietet.
(Miguel de Cervantes, 1547 - 1616, spanischer Schriftsteller)

Ich würde all meinen Ruhm geben
für einen Krug Bier und Sicherheit.
(aus „Heinrich V.", Shakespeare, englischer Dramatiker, 1564 – 1616)

Welches Ereignis könnte für eine englische Kolonie
von größerer Bedeutung sein als die Einrichtung
der ersten Brauerei!
(Reverend Sidney Smith)

Bier ist das Getränk, das zu unserem Klima passt.
(König Friedrich II. von Preußen, genannt der „Alte Fritz")

Meine Kerls müssen doch etwas Rechtes zu trinken haben!
(König Friedrich II. von Preußen, genannt der „Alte Fritz")

Ein starkes Bier, beizender Toback,
und eine Magd im Putz,
das ist nun mein Geschmack.
(Johann Wolfgang von Goethe, Faust I)

Biertrinken ist ein gutes Essen.
(Philosoph Immanuel Kant, 1724 – 1804)

Je mehr man getrunken hat,
desto mehr lobt man den Wirt und sein Bier
(J. Paul)

Ein gutes Wort beim Bier hält die Menschen besser im Zaume
als das dickste Corpus Juris.
(Karl Julius Weber, deutscher Dichter, in seinem Demokritos, erschienen 1832)

Bier und Schnaps – die Getränke der Völker, denen Nebel und Regen vertraut sind.
(Heinrich Heine)

Ein Abstinenzler ist eine charakterschwache Person,
die der Versuchung unterliegt,
sich selbst ein Vergnügen zu versagen.
(Ambrose Bierce, 1842 – 1914, amerikanischer Schriftsteller)

Es ist ein Grundbedürfnis der Deutschen,
beim Biere schlecht über die Regierung zu reden.
(Fürst Otto von Bismarck)

Mit nichts vergeuden die Deutschen mehr Zeit
als mit dem Biertrinken.
(Fürst Otto von Bismarck)

Zeige mir eine Frau,
die wirklich Geschmack am Bier findet,
und ich erobere die Welt.
(Kaiser Wilhelm II., 1859 –1941)

Heil dir, Verehrlicher,
Aromaverherrlicher,
Daseinsverschönernder,
Blüten auskrönender
Lieblicher Bock!

Völker vermischtest du,
Kleingeist verwischest du,
Angstrohr und Waffenrock
bringen vereint, oh Bock!
Opfer dir dar!

Rettich bekränzen dich,
Bräuknecht kredenzen dich,
Schaumüberkräzseltes,
Wurstdampfumsäuseltes
Nektargetränk!

Süßen Gewaltstreich
Erzielest du, o malzreicher,
bester brauhauslicher,
Kampfunabweislicher,
Siegreicher Bock!
(ein unbekannter Prominenter
in seiner „Ode an das Bockbier", um 1800)

Wen Bier hindert, der trinkt es falsch.
(Gottfried Benn, deutscher Dichter, 1886 – 1956)

Es thut in froher Nachbarschaft
Sich gar behaglich plaudern;
Geschwätzig lässt der Gerstensaft
Stets mit dem Aufbruch zaudern.
　　　(G. H. Heideck, deutscher Dichter,
　　　um 1900 im Gedicht „Ziegenhain")

Das Trinkgeschirr, sobald es leer, macht keine rechte Freude mehr.
　　　(Wilhelm Busch)

Der Bock ist ein Tier, welches auch als Bier getrunken werden kann.
　　　(Wilhelm Busch)

Urlaub zu Hause – Karikatur von Peter Strunk

Als ich von den schlimmen Folgen des Trinkens las,
gab ich sofort das Lesen auf.

(Henny Youngman, geb. 1906,

amerikanischer Schauspieler)

Leute, versauft Euer Geld nicht,
kauft Euch lieber ein Bier.

(Karl Valentin)

Sie reichten Weine mir und Bier,
und Schnäpse und dergleichen,
dabei könn'n diese Leute mir
nicht mal das Wasser reichen.

(Heinz Erhardt [39])

Es ist bestimmt viel Schönes dran,
am Element, dem nassen,
weil man das Wasser trinken kann!
Man kann's aber auch lassen!!

(Heinz Erhardt)

Wasser trinkt nur der Vierbeiner.
Der Mensch, der findet Bier feiner.

(Heinz Erhardt)

War ich, wo's Bier zu trinken gab,
stellt sich die Frage unterwegs mir:
Wenn ich beim Bier geschaekert hab,
dann bin ich wohl ein Schaeksbier?

(Heinz Erhardt)

Ein Mensch, der sich keine Gedanken über das Bier macht,
das er trinkt, macht sich vermutlich
auch keine über das Brot, das er isst.

(Michael Jackson, englischer Schriftsteller, geb. 1942)

Nicht alle Chemikalien sind schlecht.
Ohne Chemikalien wie Wasserstoff und Sauerstoff zum Beispiel
gäbe es kein Wasser, einen der wichtigsten Grundstoffe für Bier.

(Dave Barry, geb. 1947, amerikanischer Humorist)

Ich arbeite gewöhnlich bis Bier Uhr.
(Stephen King, geb. 1947, amerikanischer Schriftsteller)

Man könnte froh sein,
wenn die Luft so rein wäre wie das Bier.
(Richard von Weizäcker)

Es gibt nichts, was so erfreuet,
und was mehr Vergnügen schafft,
nichts, was die Freundschaft so erneuet,
wie der edle Gerstensaft.
(Detlev von Liliencron)

Als Moses an den Felsen klopfte,
geschah es, dass das Wasser tropfte.
Aber ein viel größeres Wunder erlebst du hier:
Wenn du hier klopfst, kriegst' ein Bier.
(Horst Jacob, Braumeister der Brauerei Kesselring in Marktsteft)

„Bei uns hat das Bier gar keine Zeit, alt zu werden.
Wozu also ein Haltbarkeitsdatum?"
(Max Streibl (1933 – 1998) Ministerpräsident von Bayern 1988 – 1993)

Ein Bier entsteht nicht einfach so von alleine.
Dazu gehören auch ein Quäntchen Zauberei
und gewisse Dinge, die niemand so recht versteht.
(Fritz Maytag, amerikanischer Braumeister)

Heute können Sie ein Bier genießen,
dessen Preis seit 125 Jahren gleich geblieben ist:
Freibier.
(Richard Simon, Diplombraumeister
und Studiendirektor der Ulmer Brauschule)

Bier ist ein bekömmliches Gebräu,
es ist äußerst nahrhaft.
(Dr. B. Ruch)

Das Beste am Wein ist das Bier danach.
(Günter Samtlebe)

Es gibt noch andere Dinge im Leben als Bier,
aber Bier macht diese anderen Dinge einfach angenehmer.
(Stephen Morris, amerikanischer Schriftsteller)

Biergärten sind wichtige Vollzugsanstalten
der bayrischen Trink- und Sozialkultur.
(Martin Bauer)

Ein Staat, der nicht in der Lage ist, seine Brauer zu ernähren,
hat nicht das Recht, sich eine Nation zu nennen.
(Dieter Soltmann, 1993)

In Deutschland ist Bier mehr als ein Getränk
es ist ein Teil unserer Volkskultur.
(Jochen Borchert)

Das Gute am Weißbier:
Es kann von elf Uhr morgens bis zum Frühstück getrunken werden.
(Klaus Augenthaler)

Bart, ein Bier ist wie eine Frau.
Man schaut es gerne an, es duftet und man
würde seine Großmutter dafür hergeben.
(Homer Simpson, Figur aus der Serie „Die Simpsons")

Der Mensch lebt nicht vom Brot allein,
nach einer Weile braucht er auch ein Bier.
(Woody Allen)

Bier schmeckt am Besten, wenn die Tannen grün sind.
(Karl Schiffner, 1. Weltmeister der Biersommeliers 2009)

Bierige Witze

Kommt ein Mann in eine Kneipe und bestellt ein Bier. Als er zahlen will, sagt der Wirt „2 Euro 60". Der Mann zählt 26 10-Cent Münzen ab und schmeißt sie hinter die Theke. Der Wirt ist sauer, sammelt aber das Kleingeld ein und grummelt vor sich hin.

Am nächsten Tag kommt der Mann wieder und bestellt ein Bier. Als er zahlen will, sagt der Wirt „2 Euro 60". Der Mann legt einen 5-Euro Schein auf den Tisch. „Jetzt hab ich Dich", denkt der Wirt, zählt 24 10-Cent Münzen ab und schmeißt sie zu dem Gast, sie verteilen sich im ganzen Lokal.

Der Mann überlegt kurz, legt dann 20 Cent auf den Tisch und sagt „Noch ein Bier!"

Der Bierrarie – Karikatur von Peter Strunk

Ein kleiner Mann sitzt traurig in der Kneipe ... vor sich ein Bier ... kommt ein richtiger Kerl, haut dem Kleinen auf die Schulter und trinkt dessen Bier aus. Der Kleine fängt an zu weinen.

Der Grosse: „Nu hab dich nicht so, du memmiges Weichei! Flennen wegen einem Bier!" Der Kleine: „Na dann pass mal auf: Heute früh hat mich meine Frau verlassen, mein Konto abgeräumt, Haus leer! Danach habe ich meinen Job verloren! Ich wollte nicht mehr leben, legte mich aufs Gleis ... Umleitung! Wollte mich aufhängen ... Strick gerissen! Wollte mich erschießen ... Revolver klemmt! Und nun kaufe ich vom letzten Geld ein Bier, kippe Gift rein und du säufst es mir weg ...

Ein Düsseldorfer, ein Kölner und ein Münchener sitzen in der Kneipe. Der Düsseldorfer bestellt sich ein Altbier, der Kölner bestellt sich ein Kölsch und der Münchener bestellt sich eine Cola. Die anderen beiden schauen ihn blöd an und fragen, warum er sich denn nun eine Cola bestellt hat. Darauf sagt der Münchener: „Wenn ihr kein Bier trinkt, dann trinke ich auch keins!"

Die Fliege im Bier – Karikatur von Peter Strunk

Heute war ich mit einem Freund in der Kirche. Auf einmal zündet der sich eine Zigarette an. Ich konnte es nicht glauben! Raucht der einfach eine Zigarette in der Kirche! Vor Schreck wäre mir fast mein Bier aus der Hand gefallen!

„Ich glaube, im Bier sind weibliche Hormone."
„Wie kommst denn da drauf?"
„Ganz einfach: Immer wenn ich zuviel davon trinke, kann ich nicht mehr Auto fahren."

Ehekrach bei Familie Hansen. Beide bewerfen sich mit Geschirr. Als der Küchenschrank leer ist, nimmt sie den vollen Bierkasten. „Halt", ruft er, „Wer wird denn gleich böse werden."

Was ist schlimmer, Alzheimer oder Parkinson? Parkinson, denn lieber ein Bier vergessen als eins verschütten.

Putzen ist irre gefährlich. Fast jeder Mann ist schon einmal über seine putzende Frau in der Küche gestolpert und hat sich dann fast seine Bierflasche ins Hirn gestoßen!

Amerikanisches Bier ist der gelungene Versuch, Wasser zu verdünnen.

Warum darf ein Herzkranker nicht Cola und Bier trinken?
Weil er sonst colabiert.

„Herr Ober, haben Sie Froschschenkel?"
„Ja.
„Dann hüpfen Sie mal und bringen Sie mir ein Bier!"

Eine Frau sagt zu ihrem Mann, dass man nunmehr Geld sparen müsse und er daher u.a. auf sein Bier verzichten soll. Wenige Tage später sieht der Mann, wie seine Frau in einer Boutique Parfüm, Schminke und schicke Unterwäsche für über 100 Euro einkauft. Zu Hause angekommen stellt er sie zur Rede und fragt, wie das denn sein kann, wo doch jetzt gespart werden soll. Darauf erklärt sie ihm, dass sie es ja nicht für sich mache, sondern nur, um sich für ihn schön und sexy zu machen. Daraufhin sagt er: „ABER DAFÜR HATTE ICH DOCH DAS BIER!!!!"
– Man munkelt, die Scheidung sei eingereicht.

Kuriositäten

Die Meinung, dass Bier dem Geist nicht zuträglich sei, war freilich nicht so neu und offenbar – wie jedes Vorurteil – nur schwer auszurotten. Der Herzog von Württemberg löste das Problem auf seine Weise, als 1643 nach einer der, trotz aller Gebete zum heiligen Urban, schlechtesten Weinernten dieser Zeit im Württembergischen die Tübinger Stiftsbehörde ihren Stipendiaten nicht wie gewohnt Schoppenwein zum Essen ausschenken konnte. Als „Ersatz" bot sie daher Bier an, doch das junge Volk protestierte, freilich nicht aus materiellen Gründen, sondern weil Bier dem Ingenium schade. Da kamen sie aber bei dem Herzog an den Richtigen: Schämt euch, las er ihnen die Leviten, das ist ein ganz unsinniges Geschwätz, ihr knorzlichen Sauigel! Die gelehrten sächsischen Männer wurden mit Bier großgezogen. Wollt ihr etwa klüger sein als diese Leuchten der Wissenschaft? Mit gutem Beispiel ging Hoheit voran und nahm einen kräftigen Schluck aus einer Kanne Bier. Das wirkte, und von nun an tranken die Tübinger Stiftsstipendiaten Bier. Seit dieser Zeit gibt es dort die kugelnarbigen Bier-Gläser, die bis auf den heutigen Tag noch den Namen „Tübinger Igel" tragen. Andererseits hatten es selbst große Männer nicht immer leicht, in dieser Zeit zu „ihrem" Biere zu kommen. So gern zum Beispiel Wallenstein Wein trank, so schmeckte er ihm nicht mehr, als er ihn wegen seinen Gichtschmerzen auf Rat der Ärzte mit Sauerbrunnen mischen sollte. Daher gewöhnte er sich nach und nach an Bier, bis er es schließlich weit lieber als Wein trank.

Ritter Fips und des Nachbarn Bier

Der junge Ritter Fips begab sich
sehr oft zum Nachbarschloss. (Er hab sich,
so wurde allgemein gedacht,
des Nachbarn Tochter angelacht.)
Jedoch war für den stillen Wandrer
der Grund zum Wandern ein ganz andrer.
Er wollte eruieren, ob durch
die Erdkruste von Burch zu Burch
es möglich wär, ,nen Gang zu graben,
um einen kürzern Weg zu haben.

„Denn", sprach er, „drüben ist das Bier
viel würziger als hier bei mir! –
Dann könnt ich zusätzlich erwägen,
aus Schläuchen Leitungen zu legen,
die, unsichtbar für Nachbaraugen,
durch diesen Gang das Bier hersaugen.
Ich hätte dann, wenn's keiner merkt,
genug vom Trank, der mich so stärkt!"
Doch leider, wie so oft im Leben,
ging dieser böse Plan daneben!
Eine gewalt'ge Feuersbrunst
hüllte des Nachbarn Schloss in Dunst!
Man spritzte zwar aus allen Rohren,
doch schien die Burg total verloren,
bis einer schließlich darauf kam
und's Bier zur Brandbekämpfung nahm –
und siehe da, das Bier war gut:
es bändigte des Feuers Wut!
Doch dadurch war Herr Fips der Sorge
enthoben, wie er Bier sich borge.
Schlussfolgerung:
Das Bier löscht nicht nur, wie bekannt,
den Durst. Nein, es löscht jeden Brand.
(Heinz Erhardt)

Johann Strauß (Vater, 1804 – 1849) hatte es anfangs recht schwer, als er anfing, Bratsche zu spielen, denn das Instrument, das er gebraucht erworben hatte, erwies sich als ton- und altersschwach. Bis ihm ein Kollege den Rat gab, den ausgetrockneten Holzkörper der Bratsche mit Bier aufzufüllen, das Instrument einige Tage so „biervoll" stehen zu lassen und dann das Bier durch die Schlüssellöcher wieder auszugießen. Johann Strauß wagte den Versuch, und siehe da!, die alte Bratsche erklang wieder wie früher – oder sogar besser und beflügelte Straußens musikalische Leidenschaft so sehr, dass wir ihm heute viele schöne Walzer und Märsche zu verdanken haben!

Heinrich Laube (1806 – 1884), der spätere Dramatiker und Direktor des Wiener Burgtheaters, den man gern den „Musterkopf salopper Schöngeisterei" nannte, war in seiner Studienzeit in Breslau als arger Aufschneider bekannt. Er wusste aber auch schlagfertig zu reagieren, wenn man ihm dabei auf die Schliche kam. Wieder einmal hatte er in einer Studentenkneipe so sehr renommiert und mit seinen Kenntnissen geprahlt, dass es ein Gast nicht mehr mit anhören konnte und ihn reinlegen wollte: „Herr Laube, bis jetzt haben Sie in einem fort von dem gesprochen, was Sie können. Erklären Sie doch nun einmal, was Sie nicht können, und ich will Ihnen zeigen, dass ich es kann!" – „Nichts leichter als das!" antwortete Laube und lächelte siegessicher, „Ich kann heute meine Bier-Zeche nicht bezahlen, und es freut mich ungemein, dass Sie es können." Trank sein Bier aus, nahm Stock und Hut und ließ den verdutzten Herausforderer stehen.

Ein Vater schickte seinen Buben ins „Lamm" und ließ ihn dort einen Krug Bier holen. Auf dem Heimweg trank der Bub das halbe Krügle leer, bekam es mit der Angst zu tun, brannte durch, diente sich in Amerika auf dem Karriereweg hoch und war nach 15 Jahren Besitzer einer Schlächterei in Chicago. Da fuhr er wieder in die Heimat, ging ins „Lamm", holte einen Krug Bier, kam damit nach Hause und stellte den Krug auf den Tisch: „Do, Vatter, wär des Bier!" Der Vater stand auf, haute ihm eine herunter und sagte: „Herrgottblitz, läßt mer sein Vatter so lang aufs Bier warte?" (Es tut mir leid, dass auch ich Sie ein wenig warten lassen musste – mein Flieger hatte Verspätung. Da es keine 15 Jahre, sondern nur 15 Minuten waren, hoffe ich auf Nachsicht. Ich werde mich einfach entsprechend kürzer fassen, damit keiner länger als geplant auf sein Bier warten muss.)
(Thaddäus Troll, deutscher Autor, 1914 – 1980)

Dem edlen Getränk
Die richtige Würde erweisen,
kannst du mit kluger Rede und klarem Sinn
in froher Runde beweisen.
(Quelle: ehemalige Speisekarte der Papiermühle, Jena)

Eins trink ich, weil ich durstig bin,
ein zweites, weil's mir schmeckt,
ein drittes, weil's nach meinem Sinn den Geist des Vierten weckt.
Ich greif zum Fünften, Sechsten, Siebenten dann,

Magnumflasche –
Karikatur von Peter Strunk

Speech bubbles in image: "DEM ERFINDER DER MAGNUM FLASCHE GEHÖRT DER FRIEDENSNOBEL PREIS!" / "WARUM?" / "WEIL ICH MEINER FRAU VERSPRECHEN MUSSTE – DES LIEBEN FRIEDENS WILLENS – NUR NOCH EINE FLASCHE BIER AM TAG ZU TRINKEN!"

weil ich's nun mal nicht lassen kann.
Ich trink das Achte, Neunte, Zehnte,
beim Elften seufz ich Weh und Ach,
denn auch die Füße werden schwach.
Und tränk ich nun das Zwölfte nicht,
verlör' ich ganz das Gleichgewicht.
(Quelle: ehemalige Speisekarte
der Papiermühle, Jena)

Ein ungewöhnlicher Beweis, dass der Genuss von Alkohol zur Steigerung der Intelligenz führt, erreichte den Autor von Thomas Schnorpfeil aus Lahnstein:

Stellen wir uns eine Herde Zebras vor, die unter der Sonne Afrikas friedlich in der Savanne grast. Plötzlich erhebt sich aus dem hohen Gras ein Rudel Löwen und stürmt auf die Zebras los. Die Herde flieht. Nun ist eine Herde Zebras letztlich nur so schnell wie die langsamsten Zebras. Diese – wahrscheinlich entweder sehr jung, sehr alt oder krank – werden von den Löwen gefressen. Durch den Tod der langsamsten Zebras wird die übrige Herde schneller und entkommt den Löwen. Vergleichen wir nun die Herde Zebras mit dem Gehirn und seinen Zellen und das Rudel Löwen mit dem Alkohol als Angreifer. Das Gehirn ist letztlich nur so schnell wie seine langsamsten Zellen. Diese werden nun vom Alkohol getötet. Durch den Tod der langsamsten Zellen wird das übrige Gehirn schneller und entkommt dem Angriff des Alkohols.
Alkohol beschleunigt demnach das Tempo des Gehirns und damit die Intelligenz.

Eine ungewöhnliche Variante der Schöpfungsgeschichte zeigte ein Vortrag in der Kölner Karnevalskampagne 2010:

Am ersten Tag erschuf Gott Köln.

Am zweiten Tag erschuf Gott Himmel und Erde.

Am dritten Tag erschuf Gott das Kölsch. Er trank ein Glas davon und er schmeckte, dass es gut war. Er trank noch ein weiteres Glas davon und schmeckte, dass es noch besser war.

Nach siebzehn Gläsern Kölsch brach der vierte Tag an. Gott erschuf an diesem vierten Tag Düsseldorf.

Aber was soll man nach siebzehn Kölsch schon erwarten …

Mein Mann hat auch so einen,
und was da rauskommt ist auch naturtrüb.

> *(Eine Besucherin der Lahnsteiner Brauerei auf die Frage,*
> *ob jemand die Bedeutung des Begriffes „Zwickel" kennt)*

„Typisch deutsch". Dazu schrieb die Finnin Marja Halonen aus Helsinki: Beim Biertrinken verschwinden die sozialen Unterschiede. Erst da kann sich der Deutsche richtig entspannen und das von sich zeigen, was sonst tief in seinem Innersten stecken bleibt. Jetzt kann er herzhaft lachen, und lustige Geschichten und witzige Bemerkungen strömen nur so von seinen Lippen. [9]

Noch bessere Gesundheit mit Bier

Aufgrund seiner Keimfreiheit bewährte sich das Bier im Mittelalter häufig als Ersatz des Wassers. Noch besser erfüllte es seine Aufgabe in Zeiten schwerer Epidemien und Seuchen. Das erklärte bereits 1833, ein Jahr nachdem die Cholera Paris heimzusuchen begann, und schon fünfzig Jahre, bevor Robert Koch den Cholera-Bazillus entdeckte, der französische Gelehrte, Arzt und Naturforscher Dr. Sée:

In empfehle ganz besonders das Bier und dessen Genuss bei der gegenwärtig herr-schenden Cholera-Epidemie, denn vermöge seines Erzeugungsprozesses wird in demselben jeder krankhafte Keim zerstört.

Vielleicht haben auch bereits vor Dr. Sée Ärzte diese keimtötende Wirkung des Bieres erahnt oder auch erkannt. Zumindest war es vielerorts in Pestzeiten Sitte, dem Arzt, wie auch dem Pfarrer und dem Küster, bei der Beerdigung Bier zu reichen, das soge-nannte „Pestbier". So schauerlich dies auch klingen mag, solche Beerdigungsgelage hat-ten auch ihr Gutes, denn sie verhalfen praktisch zur „Desinfektion". Ein Königsberger Pest-Chirurgus hat im 18. Jahrhundert in einem kleinen „Tagebuch-Gedicht" zwar das Ende der Pest gepriesen, sich aber gleichzeitig beklagt, dass es nun für ihn kein „Pest-bier" mehr gäbe [9]:

Gottlob, das Pesthaus ist von allen Kranken frei.
In unserem Sprengel stirbet kaum einer oder zwei.
Der Kantor klaget schon, es giebt keine Leichen.
Der Arme giebt nichts, und nichts stirbt von den Reichen.
Ich hielte viel von einem Gläschen Bier,
doch wenn kein Toter ist, so reichet man nichts mir.

Das Thema „Bier und Gesundheit" ist – wie dieses Beispiel zeigt – nicht neu, und doch gibt es dazu immer wieder etwas Neues.

So kann nach Informationen des Deutschen Brauer-Bundes e. V. vom 21. Januar 2010 maßvoller Biergenuss gegen Osteoporose vorbeugen [40]. Bier enthält viel mehr wichtiges Silizium als Bananen. „Für den Verbraucher stehen immer mehr die Lebensmittel und Naturprodukte im Mittelpunkt, die nicht nur für den Organismus grundsätzlich unbe-denklich sind, sondern auch vorbeugende und gesundheitsfördernde Wirkungen haben

Bier... stärkt die Knochen!

Der Deutsche Brauer-Bund e. V. zum Thema

können. Und hier kommt aus unserer Sicht das reine und genussvolle Bier ins Spiel", so der Hauptgeschäftsführer des Deutschen Brauer-Bundes e. V., Rechtsanwalt Peter Hahn.

Knochenschwund etwa ist eine Krankheit, die unterschätzt und meist viel zu spät erkannt wird. „Dabei kann man schon in jüngeren Jahren einiges tun", gab bereits vor einigen Jahren der Osteoporose-Experte Dr. Christoph Eisen aus München auf einem Fachkongress an. „Bewegung und eine richtige Ernährung sind wichtig. Und auch ein Glas Bier kann zu den vorbeugenden Maßnahmen gehören."

Silizium heißt das Mineral, das die Knochen und den sie haltenden Bewegungsapparat schützt. Besonders viel findet sich in Getreide und daraus hergestellten Produkten wie z. B. Bier „sodass sowohl das alkoholhaltige als auch das alkoholfreie Bier empfohlen werden kann", so Dr. Eisen, „in Maßen genossen natürlich". Ein zusätzlicher Pluspunkt des normalen Bieres: Der Alkohol lässt den Östrogenspiegel steigen und hemmt so den Abbau der Knochen. „Bier ist nicht nur wegen des hohen Gehalts an Silizium ideal. Der Körper kann es aus dem Bier auch optimal aufnehmen." Wir benötigen pro Tag etwa 50 mg Silizium. In einem Liter Bier sind bis zu 40 mg davon zu finden, viel mehr etwa als in Bananen, die sonst als besonders siliziumreich gelten. Bei wissenschaftlichen Untersuchungen wurde festgestellt, dass Männer mit der Nahrung etwa ein Drittel mehr Silizium zu sich nehmen als Frauen. Und: Sie leiden weniger an Knochenschwund. „Das liegt offenbar auch am höheren Bierkonsum", so Dr. Eisen. „Da kann ich nur raten, und zwar Männern wie Frauen: Bananen schmecken auch – aber Sie können ruhig öfter mal ein vorbeugendes Bier trinken." Dem kann der Hauptgeschäftsführer des Deutschen Brauer-Bundes nur beipflichten. „Bier enthält wichtige Vitamine und Mineralstoffe und kann daher einen spezifischen Beitrag zu einer gesunden, ausgewogenen Ernährung leisten."

Diese und weitere Informationen zu den „Auswirkungen eines maßvollen Bierkonsums" sind auf der neuen Webseite des Deutschen Brauer-Bundes e. V. und in der gleichnamigen Broschüre zum Nachlesen zusammengestellt.

Wie Lebensmittelexperten der Universität von Kalifornien in Davis entdeckten, enthält Bier Silizium in Form von Orthokieselsäure, die der Organismus gut aufnehmen kann.

Bier ist aber nicht gleich Bier: Die Analyse von 100 Biermarken ergab, dass der Siliziumgehalt zwischen sechs und 57 Milligramm pro Liter schwankt. Demnach steckt der Stoff besonders reichlich in der Schale von Gerste sowie im Hopfen.

Die Konzentration in Weizen ist dagegen geringer. Weil beim Rösten ein Teil des Siliziums verloren geht, enthält auch Schwarzbier relativ wenig Silizium, wie die Forscher im Journal of the Science of Food and Agriculture schreiben [41].

Vorbeugende Wirkung hat Bier jedoch nicht nur gegen Osteoporose, sondern auch gegen Krebs.

Nationale und internationale Forscherteams haben in den letzten Jahren verschiedene Hopfeninhaltsstoffe identifizieren können, die in Tier- und Zellversuchen eindeutig krebspräventive Wirkungen gezeigt haben. Am Deutschen Krebsforschungszentrum (DKFZ) in Heidelberg beschäftigt man sich sehr intensiv mit der in Hopfen vorkommenden Verbindung Xanthohumol. Eine Arbeitsgruppe unter Leitung von Dr. Gerhäuser erforscht seit mehreren Jahren einen möglichen Einsatz in der Krebsbekämpfung. Auch an verschiedenen deutschen Hochschulen befasst man sich mit Xanthohumol – z. B. an der Technischen Universität München.

Darüber hinaus enthält Bier eine ganze Reihe als Antioxidantien bezeichnete Verbindungen, die zur Gruppe der Polyphenole gehören und sowohl aus dem Hopfen als auch aus der Gerste stammen. Antioxidantien sind in der Lage, in den Zellen freie Radikale abzufangen und können darüber der Entstehung von Krebs entgegen wirken. Zwar ist der Gehalt an diesen Verbindungen im Bier nicht sehr hoch, aber letztlich ist es nicht nur ein Nahrungsmittel, sondern die Summe aller Inhaltsstoffe in unserer Ernährung, die sich auf unsere Gesundheit auswirken und die Untersuchungen zeigen, dass Bier – moderat genossen – ein positiver Baustein einer gesunden und ausgewogenen Ernährung sein kann [42].

Eine außergewöhnliche Entdeckung aus der Sportmedizin präsentiert die folgende Karikatur des Bopparder Künstlers Peter Strunk.

AUSSERGEWÖHNLICHE ENTDECKUNG
DER SPORTMEDIZIN: ALLEIN DER EIN-
SATZ UNTERSCHIEDLICHER TRAININGS-
GERÄTE, FÜHRT, BEI GLEICHER ANWEN-
DUNG, ZU UNTERSCHIEDLICHER AUS-
BILDUNG BESTIMMTER MUSKELN.

BIZEPS

BIERZEPS

Der „Bierzeps" von Peter Strunk

Auch das Thema Alkohol und Lebenserwartung dringt in neue Dimensionen vor. So titelte die Welt Online [43] wörtlich am 6. September 2010 „Saufen soll gesünder sein als völlige Abstinenz".

Dass Menschen mit einem moderaten Alkoholkonsum eine höhere Lebenserwartung haben als völlig abstinent Lebende, ist schon länger bekannt. Eine Studie von Forschern der Universität Texas, die im Magazin „Alcoholism: Clinical and Experimental Research" erschienen ist, setzt nun sprichwörtlich „noch einen drauf". Das überraschende Ergebnis der über 20 Jahre mit 1.824 Teilnehmern durchgeführten Untersuchung: Selbst exzessive Säufer haben eine höhere Lebenserwartung als jene, die überhaupt nichts trinken. Am längsten leben die moderaten Trinker.

Eine stringente Erklärung für ihre Beobachtung haben die Forscher nicht und sie betonen, dass starkes Trinken natürlich Schädigungen der Leber und Krebs verursachen kann. Sie vermuten, dass ein vollkommen abstinentes Leben im Durchschnitt mit größerer Freudlosigkeit und weniger sozialen Kontakten einhergeht, was unter dem Strich noch ungesünder ist. Wie sagt so treffend ein Sprichwort: „Irgendeinen Tod muss man sterben."

Trotz nachweislich gegebenen gesundheitlichen Vorteilen eines mäßigen Genusses von Bier darf diese Wahrheit nach deutschem Recht nicht verkündet werden, da Bier Alkohol enthält. Dazu Rechtsanwalt Peter Hahn, Hauptgeschäftsführer des Deutschen Brauer-Bundes e. V. [44]:

„Merke: Unsere Rechtsordnung verbietet es, die Wahrheit zu sagen."

Dem ist nun wahrlich nichts mehr hinzuzufügen.

Wellness-Bier und Bier-Wellness

Egal, ob bei innerer oder äußerer Anwendung: Bier ist Wellness pur. Schon Nofretete und Kleopatra wussten es, und wir wissen es auch. Schon der Gedanke an das Lieblings-bier zum Feierabend macht es warm ums Herz, die ersten Schlucke nehmen dann den Rest des Körpers schwungvoll und elegant mit.

Wellness ist auch einer **der** Megatrends des 21. Jahrhunderts. Kein Wunder also, dass sowohl findige Bierbrauer als auch findige Well-nessstempel auf die Idee gekommen sind, Bier und Wellness aktiv zu verbinden.

Hier treffen wir auf einen alten Bekannten aus dem Kapitel über den Hopfen, das Xanthohumol. Zur Erinnerung: Insbesondere seiner anti-oxidativen Kraft wegen steht Xanthohumol aktuell im Blickpunkt vieler Forschungsarbeiten mit dem Ziel, es als gesundheitlich positive Zutat zu Getränken und Lebensmitteln zu etablieren.

Exakt mit dieser Zielsetzung entwickelten die Technische Universität München und die Bayrische Staatsbrauerei Weihenstephan im Jahre 2004 ein Verfahren zur Anreicherung von Xanthohumol in geröstetem Malzextrakt. Der Malzextrakt schützt das empfindliche Xanthohumol vor Umwelteinflüssen wie Licht oder Hitze, ermöglicht eine einfache Verarbeitung in Lebensmitteln und macht es gleichzeitig löslich, um es auch in klare Flüssigkeiten einzubringen.

Original Bade-bier der Neuzeller Klosterbrauerei nach www.kloster-brauerei.com

Im gleichen Jahr erwirbt Tonio Arcaini die Rechte an diesem Ver-fahren, lässt es patentieren und gründet die TA-XAN-AG mit dem Ziel, Xanthohumol in Lebensmitteln und Getränken zu vermarkten. Als erstes Resultat kommt 2007 XAN Wellness auf den Markt, ein Wellness-Getränk basierend auf 60 % Fruchtsaft und 40 % alkoholfreiem Weizenbier, wobei in der Bierkomponente Xantho-humol enthalten ist. Mehr dazu unter www.xan.com

Ein ganzes Quartett an echten Bieren zum Thema Wellness offeriert die Klosterbrau-erei Neuzelle mit Anti-Aging-Bier, Marathon-Bier, glutenfreiem Lebensfreude-Bier und sogar mit dem Original Badebier, einem hefehaltigen Exportbier. Letzteres schlägt die Brücke von der inneren Anwendung, für die es natürlich auch geeignet ist, zur äußeren Anwendung in Form eines Bades. Natürlich kann man dies in Eigenregie durchführen, mit dem Landhotel Kummerower Hof in Neuzelle findet sich aber auch sofort der Link zu einem Wellnesstempel mit entsprechendem Angebot.

Neben vielen weiteren Attraktionen offeriert die österreichische Brauerei Schloss Starkenberg ein ganzes Bierschwimmbad, entworfen vom international anerkannten Künstler Wernfried Poschusta. Insgesamt können bis zu sieben Becken gefüllt mit Biergeläger abendweise gemietet werden. „Geläger mit viel Bierhefe wird seit Jahrhunderten erfolgreich gegen Schuppenflechte, unreine Haut und sonstige

Bierbad im Kummerower Hof, Neuzelle, nach www.bierbad.de

Hauterkrankungen sowie bei offenen Wunden eingesetzt. Zusätzlich fördert die natürliche Kohlensäure die Durchblutung und sorgt für geschmeidige Haut. Der Hopfen beruhigt Körper und Geist." – so die Informationen unter www.biermythos.at und www.starkenberg.at

Mit ähnlichem Konzept präsentiert sich das Gut Riedelsbach im bayrischen Wald stolz als „1. Bier- und Wohlfühlhotel". Neben vielen Angeboten rund um das eigene Bier finden wir ein Bierbottichbad, Biertreber-Handpeeling oder Hopfenbad mit Massage. Und wir treffen wieder auf etwas Bekanntes: Inhaber Bernhard Sitter ist Diplom-Biersommelier. Mehr unter www.gut-riedelsbach.de

Bierschwimmbad auf Schloss Starkenberg

Mittlerweile gibt es eine ganze Reihe dieser Angebote, die wir leider hier aus Platzgründen nicht alle aufführen können und schon einmal diejenigen um Entschuldigung bitten, die wir in dieser nicht repräsentativen Auswahl nicht genannt haben.

Ein Beispiel aus der Schweiz jedoch sei dennoch genannt. Hier haben Bierbrauer Karl Locher, Inhaber der Appenzeller Brauerei, Landwirt Sepp Dähler und das Hotel Hof Weissbad einen regelrechten Wellness-Kreislauf geschaffen. Im Hotel Hof Weissbad gibt es Ganzkörperpeeling mit einer Mischung aus Malzschrot und Biertreber und auch ein Bierbad. Der Gag an der Sache ist das Rindfleisch, das im Hotel verzehrt wird. Dieses kommt von Bauer Dähler und seinen Rindern, deren Leben ebenfalls von Bier-Wellness

Getränkelogistik einmal anders – Biertransport im Appenzell

dominiert ist. Die Rinder fressen Biertreber, Bierhefe und auch Biervorlauf als Zumischung ihres Futters. Diese Gnade genießen sicherlich viele Rinder, doch diese hier erfahren auch noch eine Massage mit einem Bier-Hefe-Gemisch. „Kabier" nennt sie Bauer Dähler ob ihrer Verbindung zwischen Bier und Kalb.

Mehr zu alledem unter www.hofweissbad.ch sowie www.appenzellerbier.ch und im Artikel „Der Erdkreis des Bieres" von Claudia Wurz vom 5.3.2011 unter www.nzz.ch

Noch bessere Oberweite mit Bier

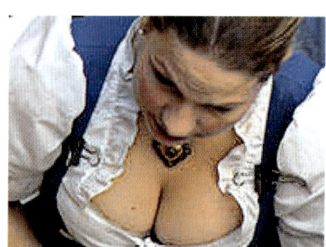

In manchen Biergärten könnte man tatsächlich den Eindruck gewinnen, dass Bier die Oberweite vergrößert

Pflanzliche Östrogene aus dem Hopfen im Bier sollen für Frauen wie eine leichte Hormontherapie wirken. Dadurch wächst der Busen, lautet die landläufige Überzeugung. Für diese Annahme fehlen jedoch wissenschaftliche Beweise. Zwar ist bekannt, dass Phytoöstrogene ähnliche Eigenschaften wie das körpereigene Hormon haben. Doch ist vermutlich die Menge, die im Bier enthalten ist, viel zu gering, um diese Wirkung zu entwickeln.

Bisher gibt es leider keine Studien, die zeigen, ab welcher Menge Gerstensaft eine Veränderung eintritt. [45]

Die Dose – Ein Zankapfel der Brauer wird 75

Man kann zu ihr stehen wie man will – die Dose als Verkaufsverpackung hat die Getränkeindustrie nachhaltig geprägt. Zwar fegte in Deutschland 2003 die sogenannte „Trittin-Delle" die Dose durch das Pfand fast vollständig aus dem Markt, doch auf dem Weltmarkt ist sie nach wie vor eine feste Größe. Doch alleine angesichts des Jubiläums ist hier nicht der Punkt für Ökobilanzen und andere Kritikpunkte.

Herzlichen Glückwunsch, liebe Dose!

Sehen wir doch mal nach, was du in deinem Leben alles so vollbracht hast (nach [46]).

Am 24. Januar 1935 kamst du zur Welt. Du hattest Stil, denn Dein erster Inhalt war das Krueger's Beer der Gottfried Krueger Brewery in Newark, New Jersey, USA. Du warst ein richtiger „Wonneproppen" und mit 100 Gramm fünfmal so schwer wie die Babys heute. Du hattest auch keine Aufreißlasche, sondern hast deinen Inhalt nur hergegeben, wenn man dir mit dem „Church Key", einer Art Dolch, ein dreieckiges Loch in den Deckel gebohrt hat. Immerhin hattest du auf Deiner Zarge eine ausführliche Anleitung zu diesem Akt der Gewalt parat.

Frühe Bierdosen mit Church Key (Quelle: www.ball-europe.de)

Erste deutsche Bierdose 1951
(Quelle: www.ball-europe.de)

In den Folgejahren hast du – für Heranwachsende eher ungewöhnlich – deutlich an Gewicht verloren. Statt aus Weißblech sehen wir Dich heute oft als Aluminium-Variante. Und du brauchst den Church Key nicht mehr, denn du hast jetzt die praktische Metalllasche, den „Tap Top", zum Aufreißen.

Bereits mit dieser Lasche kamst du 1951 erstmals nach Deutschland. Eingeführt hat Dich die Karlsberg-Brauerei im Saarland, die auch heute noch immer für eine Innovation gut ist. Die Firma Schmalbach-Lubeca, die Dich damals gefertigt hat, existiert zwar unter diesem Namen nicht mehr, in der Substanz aber ist sie im Hause Ball Packaging Europe aufgegangen, von deren Internetpräsenz die Bilder dieses Kapitels stammen.

Am 24. Januar 2010 hast du nun Dein 75. Lebensjahr vollendet. Und auch im reifen Alter bist du noch offen für Neues. Es gibt Dich mit tollen Lacken und Reliefs, sogar mit thermochromen Lacken, die uns anzeigen, wann du im Kühlschrank kalt geworden bist. Und seit 2008 hast du eine wieder verschließbare Variante.

Liebe Dose, wir sind gespannt, was wir alles noch von dir hören werden!

Retro-Werbeplakat für Dosenbier (Quelle: www.ball-europe.de)

Noch besseres Sexualleben mit Bier – der Bierblick

Kenner der Szene und Leser von „Besser leben mit Bier" wissen aus dem entsprechenden Kapitel, dass es den „Bierblick" tatsächlich gibt. Man kann sich eine Frau oder auch einen Mann „schön trinken". Forscher der University of Missouri, Columbia, haben nun festgestellt, dass der „Bierblick" sogar ohne Bier funktioniert, so ein Bericht des Wissenschaftsmagazins Nature unter www.nature.com nach [47].

Der „bierselige Blick", der eine Beurteilung des Gegenübers meist wesentlich positiver ausfallen lässt, stand im Interesse des Wissenschaftlers. Die Psychologen um Ronald Friedman von der University of Missouri fanden heraus, dass bestimmte Worteinblendungen auf dem Computermonitor ausreichen, um das Urteilsvermögen zu verändern. Dies haben Versuche mit Jugendlichen ergeben. Diese bestimmten Worteinblendungen waren Assoziationen zum Thema Alkohol und lauteten etwa „Bier", „Wein", „Whisky" und „Martini".

Der anderen Probandengruppe hingegen wurden Worte wie „Espresso", „Eis" und „Soft-Icecream" vorgespielt. Den insgesamt 82 männlichen Studenten wurden danach Fotos von 21 Abiturientinnen gezeigt, deren Attraktivität in einer Skala von eins bis neun angegeben werden musste. Das interessante Ergebnis dabei war, dass die Probanden mit den Alkohol-bezogenen Worten die Mädchen deutlich höher bewerteten als jene, die die anderen Worte zu sehen bekamen.

Bierwerbung einmal anders

„Es ist höchst interessant, dass sogar die Erwartung von Alkohol die Beurteilung derart verändern kann", so der Studien-Co-Autor Markus Denzler von der Internationalen Universität Bremen in der Fachzeitschrift „Addiction". Offensichtlich war auch, dass beide Probandengruppen dieselben Ergebnisse brachten, wenn es um die Frage nach der Intelligenz der jeweiligen Mädchen anhand der Bilder ging. Friedman bezeichnet die Forschungsergebnisse allerdings als höchst erschreckend, da sie einmal mehr deutlich machten wie empfindlich Menschen auf unterbewusste Signale reagieren. „Diese Erwartungen von Alkohol und Drogen können ohne Bewusstsein ausgelöst werden", so der Forscher. Wie leicht Worte das Verhalten beeinflussen können, haben bereits zahlreiche Studien vorher deutlich gemacht.

Der Autor meint trotzdem: Bier verbindet selbst in Abwesenheit.

Noch besser zuprosten mit Bier

Wie viel Bier würde wohl auf der Welt getrunken werden, gäbe es die Sitte des Zuprostens und das fröhliche „Prosit" nicht. Eine Frage, über die wir besser nicht weiter nachdenken.

Doch was ist eigentlich die Bedeutung dieses viel bemühten Wörtchens „Prosit"? Und woher stammt es?

Prosit ist ein lateinisches Wort, von dem die eingedeutschte Kurzform „prost" abgeleitet ist und für die gelegentlich auch die Diminutivform „prösterchen" verwendet wird.

Georg Mühlberg um 1900: „Ein Prosit" (um 1900), ein Verbindungsstudent beim Zuprosten auf einer Kneipe (Quelle: Wikipedia)

Es handelt sich dabei um einen Trinkspruch, also einen Zuruf beim Trinken eines alkoholischen Getränks und beim Anstoßen auf das Wohl meist einer Person oder auch einer Gruppe von Personen. Der Ausdruck stammt ursprünglich aus der Studentensprache zu Beginn des 18. Jahrhunderts und hat von dort Eingang in die Allgemeinsprache gefunden. Für eine feierliche Form in Verbindung mit einer kurzen Ansprache wird auch das englische Wort „Toast" verwendet.

Ursprünglich ist die lateinische Form; ihr liegt das Verbum „prodesse", zu deutsch „nützen" oder „zuträglich sein", zugrunde. Dementsprechend stellt „prosit" die konjugierte Form (3. Person Singular Konjunktiv Präsens Aktiv) dar und ist somit eine Wunschformel: „Es möge nützen" oder „Es möge zuträglich sein".

Synonym verwendet werden die Ausdrücke „Wohl bekomm's!", „Zum Wohl!" sowie auch außergewöhnlich viele Pendants aus fremden Sprachen. Das Zurufen selbst wird ebenfalls als Prosit bezeichnet. Die Verbform lautet „zuprosten", wobei der Präfix „zu" bedeutet, dass der Vorgang auf ein Gegenüber gerichtet ist.

Neben der Trinkkultur selbst hat das Wörtchen „Prosit" oder „Prost" Eingang in viele andere Lebensbereiche gefunden:

- „Pros(i)t Neujahr!"
- „Pros(i)t zusammen!"
- „Prost Mahlzeit!", „Na denn Prost!" oder in Schweizer Mundart „Proscht Nägeli!" sagt man umgangssprachlich, wenn man nichts Gutes erwartet oder – ironisch gemeint – bei Verärgerung, Enttäuschung oder anderen Unannehmlichkeiten.

- Ein eher derber Trinkspruch, oft an Stammtischen gebräuchlich, lautet „Prost ihr Säcke!" – Antwort: „Prost du Sack!"
- „Na denn, Prost, wer nix hat de host!" – norddeutscher Trinkspruch – zu hochdeutsch: Na denn Prost, wer nichts (im Glas) hat, (soll) husten.
- „Prost, dass d'Gurgl net verrost't!" – bayerischer Trinkspruch – zu hochdeutsch: Prost, damit die Gurgel nicht verrostet.
- Überwiegend im schwäbischen Sprachraum steht „Prositle" für einen Rülpser.
- Mach a dei Prositle!" – schwäbische Aufforderung an Kleinkinder, nach der Mahlzeit ihr Bäuerchen zu machen.
- Verschiedenste Witzformen des Wortes werden ebenfalls verwendet, wie etwa „prösterchen" oder „prostata".

Zuprosten an der Theke (Quelle: Deutscher Brauer-Bund e. V.)

Bei Auslandsreisen erfreut man sich großer Beliebtheit, wenn man einige wenige Worte der Landessprache beherrscht. Neben Wörtern wie guten Tag, bitte, danke oder auf Wiedersehen gehört zu diesem Überlebenswortschatz auch das Prost. Hier für ihren nächsten Trip das Synonym in 50 Sprachen:

Albanisch: **Gëzuar!**

Arabisch: **Shereve!**

Armenisch: **Genatsoot!**

Baluchi (Iran): **Vashi!**

Baskisch: **Osasuna!**

Bretonisch: **Iermat!**

Bulgarisch: **Na zdrave!**

Chinesisch: **Gom bui!** (Kantonesisch),
  Gan bei! (Mandarin)

Dänisch: **Skål!**

Englisch: **Cheers!**

Estnisch: **Terviseks!**

Finnisch: **Kippis!**

Französisch: **Santé!**

Georgisch: **Vakhtanguri!**

Griechisch: **Jámas!**

Grönländisch: **Kasugta!**

Hawaiianisch: **Mahalu!**

Hebräisch: **Le'chájim!**

Hindi (Indien): **Mubarik!**

Holländisch: **Proost!**, **Op uw gezonheid!**

Indonesisch, Malayisch: **Selamat minum!**

Gälisch (Irland, Schottland): **Sláinte!**

Isländisch: **Skål!**

Italienisch: **Salute!**

Japanisch: **Kanpai!**

Jiddisch: **Mazel tov!**

Katalanisch: **Salut!**

Lettisch: **Uz veselibu!**

Libanesisch: **Kesak!**

Littauisch: **I sueikata!**

Maltesisch: **Sacha! Aviva!**

Nigerianisch: **Mogba!**

Norwegisch: **Skål!**

Persisch: **Salam ati!**

Polnisch: **(Na) zdrowie!**

Portugiesisch: **Saúde!** (Galizisch),
  Tim-tim! (Brasilien)

Rätoromanisch: **Viva!**

Rumänisch: **Noroc!**

Russisch: **Vashe zdorovie!**

Schwedisch: **Skål!**

Serbokroatisch: **'ivjeli!**

Somalisch: **Auguryo!**

Spanisch: **Salud!**

Tagalog (Philippinen): **Mabuhay!**

Thailändisch: **Chokdee!**

Tschechisch: **Na zdraví!**

Türkisch: **Serefe!**

Ungarisch: **Egészségére!**

Urdu (Pakistan): **Djam!**

Walisisch: **Iechyd da!**

Noch besser leben mit Bier nach dem Bier

Der Vernunft nach bekennen wir uns natürlich alle und ausnahmslos für einen verantwortungsvollen Umgang mit dem Alkohol im Allgemeinen und mit unserem Lieblingsgetränk Bier im Speziellen. Natürlich sagen wir auch unseren Kindern, dass man Alkohol maßvoll konsumiert.

Andererseits sind wir hier aber auch nicht im Märchenland. Nehmen wir also einmal an, es ist doch passiert. Wir haben es einen Abend und eine Nacht lang „so richtig krachen lassen". Einige Freunde aus alten Zeiten waren dabei, es hat einfach Spaß gemacht und man ist ja nun schließlich auch kein Roboter.

Folgerichtig wachen wir am nächsten Tag mit einem Kater auf, der sich gewaschen hat. Der Magen ist flau, der Kopf passt gefühlt durch keine Tür, das Reaktionsvermögen ist eingeschränkt, man identifiziert sich nicht wirklich mit dem eigenen Bewegungsapparat und möchte die Tatsache der eigenen Existenz eigentlich lieber leugnen.

Nun gibt es zwei Möglichkeiten. Die eine ist, aus der Situation das Beste zu machen und den Kater irgendwie loszuwerden. Die andere ist, sich ein paar kleine Tricks anzueignen, damit es beim nächsten Mal nicht so schlimm wird.

Zu beiden Fällen gibt es eine Reihe von Tipps. Diese sind nicht immer medizinisch abgesichert, dafür aber Erfahrungswerte eines Profis, die sich mit denen vieler anderer Fachleute decken.

Tipps, wenn der Kater noch nicht da ist:
- *Linie halten:* Wenn man schon säuft, dann bitte immer das Gleiche. Ein alkoholisches Getränk auswählen und dabei bleiben. Am besten eignet sich dazu ein Getränk, an das man gewöhnt ist.
- *Helle filtrierte untergärige Biere trinken.* Am besten eignet sich meiner Erfahrung nach ein Pils oder ein bayrisches Helles. Ein Export, Festbier oder Bock natürlich nicht, denn die sind stärker. Auch viele Weizenbiere haben einen höheren Akoholgehalt. Obergärige Hefen produzieren etwas mehr Fuselöle, die den Kater wesentlich verursachen. Bei ein oder zwei „Feierabendweizen" spielt das keine Rolle, bei größeren Mengen schon. Weinhefen sind übrigens alle obergärig.
- *Den Alkoholgenuss mit voll hydriertem Körper beginnen.* Man sollte darauf achten, dass der Körper vor Beginn des Alkoholgenusses ausreichend mit Wasser versorgt (hydriert) ist. Dies ist er nicht, wenn man längere Zeit nichts getrunken hat

oder durch körperliche Belastung oder Hitze viel Flüssigkeit verloren hat. Der Körper ist dann entwässert (dehydriert). Ein dehydrierter Körper ist zum einen geschwächt, zum anderen geht der Alkohol schneller ins Blut über als bei einem ausreichend mit Wasser versorgten (hydrierten) Körper.

- **Beim Alkoholgenuss den Körper im voll hydrierten Zustand halten.** Alkohol dehydriert, der Körper verliert also Wasser. Um den Körper in einem optimalen Betriebszustand zu halten, sollte dieses zeitnah wieder zugeführt werden. Das kann man mit verschiedenen Mitteln erreichen. Entweder man bleibt beim Vollbier, das neben etwa 5 % Alkohol ja auch etwas über 90 % Wasser enthält, und meidet Getränke mit höherem Alkoholgehalt, oder man sollte zwischendrin öfter ein Glas Wasser trinken. Am besten hilft natürlich beides.

- **Auf die Mineralstoffversorgung des Körpers achten.** Vom Prinzip her gilt hier dasselbe wie bei der Wasserversorgung. Der Körper sollte zu Beginn des Alkoholgenusses optimal mit den nötigen Mineralstoffen versorgt sein. Dabei helfen isotonische Getränke wie ein alkoholfreies, mit gestoppter Gärung gebrautes Bier, Sportgetränke, in Wasser gelöste Mineraltabletten oder Fleischbrühe. Trinkt man diese nicht nur vor, sondern auch während des Alkoholgenusses, so bleibt der Körper optimal mineralisiert.

- **Grundlage legen.** Wenn der Magen gut gefüllt ist, bleibt der Alkohol länger dort. Dadurch wird er teilweise schon im Magen abgebaut und geht nicht durch die Magenwand ins Blut. Bei gleichem Konsumvolumen an Alkohol wird ein niedrigerer Alkoholspiegel im Blut erreicht als ohne Grundlage.

Interessante Variante des Katerfrühstücks. (Quelle: www.rettungsdienstparty.de)

- **Ausgeruht feiern.** Wer bereits übernächtigt, krank, mit Restalkohol oder in irgendeiner anderen Form belastet zu trinken beginnt, der wird es am Morgen danach umso mehr bereuen. Natürlich ist der Körper belastbar, doch mehrere oder sehr intensive Belastungen zur gleichen Zeit verzeiht er uns nicht.

Tipps, wenn der Kater schon da ist:

- *Konter-Bier:* Das berühmte „Konter-Bier" funktioniert einfach am besten. Der Ernährungsexperte Udo Pollmer erklärt dies damit, dass der Kater eine Art Vergiftung ist. Für diese ist Methanol verantwortlich, das alkoholische Getränke in Spuren enthalten. Letztlich hängt der Kater mit dem Abbau des Alkohols zusammen. Zunächst bauen Enzyme den bei der Gärung überwiegend gebildeten Alkohol, das Ethanol, ab. Danach widmen sie sich dem Methanol. Dabei entsteht aus Methanol das „Kopfwehgift" Ameisensäure. Je mehr Ameisensäure, desto schlimmer der Kater. Daher hilft es am Morgen danach, noch einmal Alkohol zu trinken. Denn dadurch wenden, sich der Körper vom Methanol ab und dem neuen Ethanol wieder zu. So unterbleibt vorerst der Nachschub an Ameisensäure. Die bereits gebildete Ameisensäure wird weiter abgebaut, und der Kopfschmerz lässt nach. Ist das Ethanol ebenfalls abgebaut, knöpft sich der Körper das restliche Methanol vor [48].
- *Bewässerung und Bemineralisierung:* Abhilfe bringt auch der Konsum von Wasser und Mineralien. Alkohol entzieht dem Körper Flüssigkeit und Mineralien. Führt man diese in Form von Wasser, Mineralgetränken, einer Fleischbrühe oder auf anderem Wege zu, so kann dies den Kater durchaus lindern. Es dauert allerdings ein wenig, denn der Körper benötigt mindestens eine halbe Stunde, um die zugeführten Stoffe in seinen Stoffwechsel aufzunehmen.
- *Katerfrühstück:* Eine beliebte Bezeichnung etwa für das Frühstück nach Silvester oder anderen feuchtfröhlichen Anlässen. Natürlich sollte man am „Morgen danach" etwas essen. Im Internet gibt es unter dem Stichwort „Katerfrühstück" zahlreiche Varianten. Beachten Sie dabei die Hinweise dieses Kapitels.
- *Kopfschmerztabletten und Koffein:* Beides kann helfen und beides ist teilweise identisch. Viele Kopfschmerztabletten enthalten Koffein. Eine Ursache für Kopfschmerzen kann auch Koffein-Entzug sein. Die meisten Menschen trinken zum Frühstück Kaffee oder schwarzen Tee. Folgen Sie dieser Gewohnheit am Morgen nach dem Alkoholgenuss nicht, so können Kopfschmerzen auch daher rühren.
- *Ablenkung:* Auch keine schlechte Methode. Alles, was die Aufmerksamkeit des Körpers vom Kater wegzieht, bringt etwas. Am besten funktioniert jegliche Form von leichter Bewegung wie Spaziergänge, Gartenarbeit, Aufräumen, Geschirr spülen. Mancher vertraut auch auf die Wirkung des „Glückshormons" Testosteron, das beim Sex ausgeschüttet wird, und den Kater zumindest für eine Weile überlagert.

- **Vermeidung:** Alles sein lassen, was den Körper zusätzlich belastet. Hierzu gehören schwer verdauliches Essen, Arbeiten mit hoher Konzentration etwa am Computer.

Neben der Linderung des Katers gibt es noch zwei Dinge, die man in jedem Fall am „day after" bleiben lassen sollte – schwere körperliche Anstrengung und Fahren eines Kraftfahrzeugs.

Wer masochistisch veranlagt ist, mag ja noch Freude dabei empfinden, mit einem Kater Sport zu treiben. Gefährlich ist es aber auch für Masochisten. Der Körper ist durch den Kater und oft auch durch fehlenden Schlaf geschwächt. Dies gilt insbesondere für das Immunsystem. Dieses ist durch beide Faktoren entscheidend geschwächt. Bei weiterer Belastung wird es noch schwächer. Die Gefahr einer Infektion ist daher groß. Doch nicht nur das, auch das Reaktionsvermögen ist eingeschränkt und damit die Gefahr von Unfällen und Verletzungen hoch.

Promillefahrt –
Karikatur von Peter Strunk

Dieser Punkt gilt ganz wesentlich auch beim Fahren von Auto, Motorrad oder auch anderen Verkehrsmitteln wie dem Fahrrad. Die Reaktionszeit eines übernächtigten Verkaterten ist in kritischen Situationen einfach zu lang. Die Gefahr von Sekundenschlaf trägt dazu das ihre bei. Hinzu kommt die Promillegrenze. Wer einen Tag oder eine Nacht so richtig gezecht hat, kann ohne Weiteres den kompletten folgenden Tag über 0,5 Promille haben. Eine Hilfe bieten hier Promillerechner. Einen solchen findet man auch in „Besser leben mit Bier".

Daher gilt am Tag danach die goldene Devise:
Finger weg von Sport und Lenkrad.

Bier trinken – wie lange noch?

Für Bierliebhaber ist ihr Lieblingsbier ein völlig normaler Bestandteil des Alltags und des Lebens. Selbst Abstinenzler sehen dies häufig so. Stellen wir uns einfach mal folgende Szenen vor:

- Sie machen mit Freunden eine Wanderung, nehmen ein Fässchen Bier mit und genießen dies gemütlich in der Sonne sitzend auf einem Rastplatz.
- Sie gehen in ein gutbürgerliches Restaurant zum Essen und bestellen sich ein Bier dazu.
- Sie sind mit ein paar Freunden im Auto unterwegs. Ihre Mitfahrer bekommen Lust auf ein kühles Bier. Dieses erwerben Sie an einer Tankstelle und setzen die Fahrt fort.

Wahrscheinlich fragen Sie sich jetzt: Was soll dieses Gefasel? Warum erzählt dieser Fohr uns diese Alltäglichkeiten?

Die Antwort auf diese Fragen ist erschreckend. Geht es nach dem Willen der EU-Kommission und vieler „Gutmenschen" in der Politik, dann sehen diese Szenen sehr bald ganz anders aus:

- Sie machen mit Freunden eine Wanderung, nehmen ein Fässchen Bier mit und genießen dies in der Sonne sitzend auf einem Rastplatz. Plötzlich erscheint ein Polizeifahrzeug auf dem Rastplatz. Die Beamten erteilen Ihnen ein Bußgeld von 50 € pro Person wegen Alkoholkonsums in der Öffentlichkeit und konfiszieren ihr Fässchen.
- Sie gehen in ein gutbürgerliches Restaurant zum Essen und bestellen sich ein Bier dazu. Der Kellner weist Sie freundlich darauf hin, dass dieses Restaurant keine Lizenz zum Ausschank alkoholischer Getränke besitzt. Alkoholfreies Bier gebe es auch nicht, da hier eine geistige Nähe zum Alkohol besteht. Er empfiehlt Ihnen ein Glas Kräutertee.
- Sie sind mit ein paar Freunden im Auto unterwegs. Ihre Mitfahrer bekommen Lust auf ein kühles Bier. An der Tankstelle bekommen Sie dieses nicht, da Tankstellen keine alkoholischen Getränke verkaufen dürfen. Daher kaufen Sie einige Flaschen Bier in einem Getränkemarkt mit Lizenz zum Verkauf alkoholischer Getränke. Nach einigen Kilometern werden Sie von Polizisten angehalten. Die Beamten erteilen Ihnen ein Bußgeld von 50 € pro Person wegen Alkoholkonsums in einem Fahrzeug und konfiszieren ihr Bier, obwohl Sie als Fahrer absolut nüchtern sind.

Selbst George Orwell hätte sich bei solchen Szenarien wahrscheinlich im Grab herumgedreht. Dennoch könnten Sie nach aktuellen Vorgaben aus Brüssel bald real werden.

Die EU-Kommission und die Gesundheitsminister der Länder und des Bundes haben es sich zur Aufgabe gemacht, den Alkoholkonsum europaweit bzw. in Deutschland dauerhaft und drastisch zu senken. In den Empfehlungen des Drogen- und Sucht-Rates an die Bundesdrogenbeauftragte vom Juni 2008 wird gefordert:

➤ Werbeverbote
➤ Sponsoringverbote (gilt auch für regionale Vereine, Clubs und Kulturveranstaltungen)
➤ Heraufsetzung der Steuern für alle alkoholhaltigen Getränke über die EU-weite Harmonisierung der Verbrauchssteuern
➤ (Gesetzlich verordnete) Preiserhöhungen
➤ Senkung auf 0,2 Promille-Grenze im Straßenverkehr
➤ Beschränkung der Abgabe alkoholischer Getränke nach Zeit, Ort und Alter
➤ Warnhinweise auf den Etiketten

Das erklärte Ziel ist dabei nicht die Senkung der Fälle von Alkoholmissbrauch, sondern die generelle Senkung des Konsums. Maßvoller Alkoholkonsum ist jedoch nach dem aktuellen Stand der Wissenschaft förderlich für die Gesundheit.

Davon abgesehen, bedeutet eine derartige Alkoholpolitik in den Augen vieler das Ende des mündigen Bürgers.

Die Politik versucht hier auf allen Ebenen zunehmend, unsere Eigenverantwortung und unsere Entscheidungsfreiheit als mündige Bürger zu beschränken. Das ist ein Thema, das uns alle angeht.

Akut war die Situation während der Amtszeit von Sabine Bätzing als Bundesdrogenbeauftragte bis 2009. Dann wurde sie zum Glück im Zuge des Regierungswechsels von schwarz-rot auf schwarz-gelb abgelöst. Doch ob die Bundesdrogenbeauftragte nun Bätzing oder anders heißt, die Vorgaben aus Brüssel bleiben und damit auch die Bedrohung unseres Lieblingsgetränks und unseres Status als freie Bürger.

Wenn wir uns jetzt nicht nachhaltig wehren, dann werden wir bald so aussehen wie in der folgenden Abbildung.

Ausdrücklich rufe ich daher Sie als meine Mitbürger auf, im Rahmen Ihrer Möglichkeiten, Widerstand gegen unsere zunehmende Entmündigung und insbesondere gegen die aktuelle Alkoholpolitik zu leisten.

Wenn wir uns jetzt nicht nachhaltig wehren, dann werden wir uns in Zukunft wahrscheinlich noch mit ganz anderen Fragestellungen auseinandersetzen müssen wie:

Ich trinke gerne Bier

Ich braue gerne Bier

Die Zukunft von Bierbrauern und Biergenießern?

WANTED
DEAD OR ALIVE

➢ Dem Verbot, unsere Kinder durch Geschlechtsakt zu zeugen, da das Risiko der Übertragung von Geschlechtskrankheiten oder Penisbruch besteht.

➢ Dem Verbot des Lachens wegen Erstickungsgefahr durch Muskelkrampf.

➢ Dem Verbot von Küchenmessern als potenzielle Mordwaffen.

➢ Dem Verbot von Süßigkeiten, da bei unsachgemäßer Anwendung das Risiko von Übergewicht besteht.

➢ Dem Verbot von Fahrrädern aufgrund erhöhter Unfallgefahr gegenüber dem Automobil.

Sehr schönes „Widerstandsmaterial" liefert die Kampagne „Freiheit ist unser Bier" des Bundesverbandes Private Brauereien e. V. – mehr dazu unter www.private-brauereien.de

Abgesehen von unseren Interessen als Bierbrauer, Biergenießer und freie Bürger kommt hinzu, dass die genannten Empfehlungen des Drogen- und Sucht-Rates jeder sachlichen Grundlage entbehren. Dies beweist folgende Stellungnahme zu den einzelnen Punkten, die im Wesentlichen auf Material des Deutschen Brauer-Bundes e. V. beruht.

Die empfohlenen gesetzlichen Restriktionen verfehlen das Ziel, den Alkohol-missbrauch zu bekämpfen.

Es existiert kein Zusammenhang zwischen der Gesamtmenge an Alkoholkonsum und dem Missbrauch von Alkohol. Obwohl seit 1990 in Deutschland insgesamt immer weniger Alkohol getrunken wird, nehmen die Missbrauchsfälle zu.

Werbezensur, Steuererhöhungen und Verkaufsbeschränkungen verfehlen das Ziel, Alkoholmissbrauch nachhaltig zu bekämpfen.

Mit Werbezensur, Preiserhöhungen und Verkaufsbeschränkungen ist gerade jungen Menschen nicht zu helfen, weil die Hauptursache für Alkoholmissbrauch unter Jugendlichen im sozialen Bereich, der persönlichen Entwicklung und schwierigen Eltern-Kind-Beziehungen liegen, wie wissenschaftliche Studien belegen.[49]

Die bestehenden Gesetze reichen aus. Sie müssen konsequenter umgesetzt werden, um Alkoholmissbrauch vorzubeugen. Neue Gesetze sind daher nicht notwendig.

Insbesondere beim Jugendschutzgesetz fehlt es an einer konsequenten Umsetzung. Die Deutschen Brauer engagieren sich bereits mit ihren Partnern aus Handel und Gastronomie für eine effektive Durchsetzung.

Die Deutsche Brauwirtschaft begrüßt die Aussagen der Bundeskanzlerin Dr. Angela Merkel, die sich entschieden gegen mehr Verbote ausgesprochen hat.

Sponsoringverbote führen nicht zu einem Rückgang des Alkoholmissbrauchs, sondern schaden dem Vereinswesen in der Region.

Durch ein Sponsoringverbot steht vieles in Frage, was Sportvereine schon heute leisten und anbieten, angefangen von der Nachwuchsarbeit bis hin zum Unterhalt des gesamten laufenden Spiel- und Sportbetriebs. Dieses Verbot, das den Alkoholmissbrauch verhindern soll, würde ausgerechnet jene Institutionen treffen, die Jugendlichen und jungen Erwachsenen ein sinnvolles Freizeitangebot machen – und damit wichtige Voraussetzungen für ein suchtfreies Leben schaffen.

Bier ist ein Genussmittel, das die Bevölkerungsmehrheit verantwortungsvoll und eigenverantwortlich konsumiert.

Bier ist ein Genussmittel und ein jahrhundertealtes Kulturgut. Die überwiegende Mehrheit der Menschen in unserem Land geht mit dem Genussmittel Bier kompetent um und sollte weder diskriminiert noch durch weitreichende Sanktionen reglementiert und in ihrer Eigenverantwortung und Freiheit beschnitten werden.

Aufklärung, Präventionen und verbesserte Lebensumstände sind die besseren Maßnahmen gegen (jugendlichen) Alkoholmissbrauch.

Nicht Reglementierungen und Verbote sind sinnvolle Maßnahmen zur Bekämpfung des Missbrauchs, sondern bundesweite einheitliche Aufklärungs- und Mobilisierungs-Kampagnen. Die bisherigen Bemühungen erreichen vor allem die Zielgruppe der Jugendlichen noch nicht oder nicht in ausreichendem Maße. Ergänzt werden muss daher die konsequente Durchsetzung bestehender Gesetze durch eine wirkungsvolle Präventions- und Aufklärungsarbeit (insbesondere auf kommunaler Ebene) und nicht zuletzt die Verbesserung der Lebens- und Ausbildungsbedingungen für die Heranwachsenden.

Der Schlüssel für eine erfolgreiche Bekämpfung des Alkoholmissbrauchs unter Jugendlichen liegt

1. *in der gezielten und flächendeckende Präventions- und Aufklärungsarbeit.*
2. *in der Durchsetzung bestehender gesetzlicher Regeln und*
3. *in der Verbesserung der Lebens- und Ausbildungsbedingungen der Heranwachsenden.*

Hierzu hat der Deutsche Brauer-Bund e. V. mehrere Kampagnen mit ins Leben gerufen oder unterstützt diese:

www.bier-bewusst-geniessen.de
www.bier-erst-ab-16.de
www.ddad.de (don't drink and drive)

Die deutsche Brauwirtschaft bekennt sich schon aus rein wirtschaftlichen Gründen zu einer selbstregulierenden Werbung.

Wenn Brauereien mit ihrer Werbung auch nur im Ansatz das Ziel hätten, den Missbrauch ihrer Produkte zu fördern, würden sie den Ruf ihrer Produkte und Unternehmen zerstören.

Selbst wenn man das gesellschaftliche Verantwortungsbewusstsein der Traditions-Unternehmen außer Acht lässt, sollte zumindest für jeden nachvollziehbar sein, dass kein Unternehmen gegen die Grundregeln der Wirtschaftlichkeit verstoßen würde.

Sponsoringverbote sind kein geeignetes Instrument der Alkoholmissbrauchs-bekämpfung – sie widersprechen dem Grundgedanken der Missbrauchsprävention.
Sponsoringverbote verfehlen das Ziel der Missbrauchsprävention vollständig. Die These ist eindimensional und durch wissenschaftliche Studien und alle praktischen Erfahrungen aus dem Ausland widerlegt.

Werbung ist nicht verantwortlich für den Alkoholmissbrauch – gerade nicht bei Jugendlichen.
Werbung hat erwiesenermaßen keinen Einfluss auf den Alkoholmissbrauch unter Jugendlichen, wie wissenschaftliche Studien belegen. Die Brauwirtschaft unterwirft sich zudem bereits heute (seit 2004) einem strengen Werbekodex, der vom Deutschen Werberat kontrolliert wird. In dem Brauer-Kodex verpflichten sich die Deutschen Brauer zusätzlich zu verantwortungsvollen Marketing- und Informationsmaßnahmen.

Steuererhöhungen belasten Wirtschaft und Verbraucher und bekämpfen nicht den Alkoholmissbrauch.
Jede Steuererhöhung geht letztlich zu Lasten der Verbraucher, die durch die aktuellen Preiserhöhungen insbesondere bei Nahrungsmitteln und Energieträgern bereits ohnehin in ihrer Kaufkraft eingeschränkt wurden. Der resultierende Konsumrückgang stellt eine existenzielle Bedrohung vieler tausend Arbeitsplätze in Gastronomie und Industrie dar. Außerdem ist es sachlich nicht zu begründen, ein vergleichsweise alkoholarmes Getränk wie Bier mit weiteren Steuern zu belegen, während vergleichsweise alkoholreiche Getränke wie Wein weiterhin völlig unbesteuert bleiben.

Die Verfügbarkeitsbeschränkung von Alkohol führt nur zu einer Verlagerung, nicht zu einer Lösung des Missbrauchsproblems.
Wer Missbrauch betreiben will, der findet auch einen Weg dafür. Ein nächtliches Alkoholverkaufsverbot zum Beispiel an Tankstellen würde lediglich zu einer Verlagerung, aber nicht zu einer Lösung des Missbrauchsproblems führen – wenn nötig, durch ein Ausweichen auf andere Verkaufsstellen. Praktische Erfahrungen aus dem Ausland beweisen dies.

Noch besser studieren mit Bier

Ein Kapitel zum Thema gab es auch schon in „Besser leben mit Bier" – jedoch ein völlig anderes. Es ging dort um die Doktorarbeit von Markus Schölling.

Dieses neue Kapitel geht die Sache von einem gänzlich anderen Ansatz und mit einem ebenso gänzlich anderen Ziel an. Es zeigt wie vielseitig und auch anspruchsvoll der Beruf des „Brauers und Mälzers" und auch das Studium „Brauwesen und Getränketechnologie" ist. Vielleicht kann es die Jüngeren unter Ihnen, deren Berufswahl noch nicht endgültig festgelegt ist, animieren, Brauer zu werden. Mit diesem Beruf sind Sie der „König" der Braubranche. Außerdem werden Sie zu dem heute oft geforderten Generalisten, der in zahlreichen anderen Branchen seine Heimat finden kann. Dort werden Sie dann zu etwas fast noch Besserem – zum „Paradiesvogel".

Wie jeder angehende Bierbrauer erzählte ich natürlich immer gerne von meinem zukünftigen Beruf, woraufhin mir schon oft die Frage „Müsst ihr noch was können, außer saufen?" entgegen schallte. Hier ein kleiner Auszug aus etwa 80 (!!) Einzelfächern:
- Naturwissenschaftliche Grundlagen wie Chemie, Biochemie, Mikrobiologie, Mathematik, Physik und Mechanik.
- Betriebswirtschaft, Kosten- und Investitionsplanung, Controlling, Marketing.
- Maschinen- und Anlagenbau, Verfahrens- und Strömungstechnik.
- Brauereispezifische Fächer wie Malz- und Würzebereitung, Gärung, Lagerung und Abfüllung.
- Verwandte Fächer wie die Produktion von alkoholfreien Getränken, Wein, Spirituosen und Lebensmitteln.

Anhand dieser Vielfalt wird deutlich, warum viele Brauerei-Ingenieure heute nicht mehr in Brauereien, sondern in verwandten Branchen wie Lebensmittel- und Getränkeindustrie, Zulieferindustrie, Pharmazie oder bei Unternehmensberatungen tätig sind. Die moderne Arbeitswelt verlangt vielfach anstelle von Spezialisten die Generalisten – hier sind sie.

Um den schönen Titel des „Diplom-Ingenieurs für Brauwesen und Getränketechnologie", des „Diplom-Braumeisters" oder auch des „Bachelor / Master of brewing science" zu erlangen, führt es den Studenten an die Universitäten nach Berlin oder nach Freising-Weihenstephan, etwa 40 km nördlich von München. Insbesondere Weihenstephan ist weltberühmt als „Mekka der Bierbrauer" und als Standort der ältesten Brauerei der Welt, der bayrischen Staatsbrauerei Weihenstephan, gegründet im 11. Jahrhundert.

Noch heute befinden sich die Staatsbrauerei Weihenstephan, die Universität Weihenstephan und die zur Universität gehörende Versuchs- und Lehrbrauerei vereint auf dem Gelände der Universität.

Der interessanteste unter allen Hörsälen der Universität Weihenstephan ist ohne Zweifel der mit der Nummer 13. Da es aus Gründen des Aberglaubens keinen offiziellen Hörsaal mit dieser Nummer gibt, verliehen die Studenten inoffiziell der Brauereigaststätte der Bayrischen Staatsbrauerei die Bezeichnung „Hörsaal 13".

Wie bei allen Studiengängen mit dem Abschluss zum Master – den Diplom-Ingenieur gibt es offiziell nicht mehr –, beträgt auch in Weihenstephan die Regelstudienzeit neun Semester inklusive Master-Thesis. Beim Bachelor geht alles entsprechend kürzer.

Studenten und das Bier – Karikatur von Peter Strunk – Idee von Detlef Müller

Das Studium ist ein harter Ausleseprozess. So gab es im Wintersemester 1990 / 1991, in dem auch der Autor sein Studium begann, die stolze Zahl von 130 Studienanfängern. Davon verließen etwa 25 die Universität als Ingenieure. Diese Zahl von etwa 25 Absolventen pro Semester blieb in den vergangenen Jahrzehnten relativ konstant. Geht man von einem durchschnittlichen Alter der Absolventen von 25 – 30 Jahren und von einer Lebenserwartung von 75 – 80 Jahren aus, so dürfte es etwa 1.200 lebende Weihenstephaner Brauerei-Ingenieure geben. Etwa ein Viertel davon erlangte einen Doktortitel, sodass es etwa 300 „Dr.-Brau" geben dürfte. Der offizielle Titel lautet natürlich „Dr.-Ingenieur" oder kurz „Dr.-Ing.".

Noch weiter oben „wird die Luft dünner", denn in Weihenstephan und Berlin zusammen gibt es nur zwei amtierende „Brau-Professoren".

Relativ hoch ist in den Reihen der Weihenstephaner Studenten die Quote der „Korporierten", also der in Studentenverbindungen organisierten Studenten. Zwölf Studentenverbindungen gibt es in Weihenstephan. Unter diesen Studentenverbindungen gibt es schlagende und Farben tragende Verbindungen wie die „Bavaren" oder die „Donaren" genauso wie sehr liberale Verbindungen wie die „Lichtensteiner", zu deren Mitgliedern auch Frauen zählen, oder auch die „Rosaren", eine reine Damenverbindung.

Eine der Anekdoten, an die der Autor am liebsten zurückdenkt, ereignete sich in einer Mathematikvorlesung im zweiten Semester. Nach einem 90-minütigen Monolog des Dozenten Dr. Hans Seybold über imaginäre Zahlen war die geistige Substanz der Studenten soweit aufgebraucht, dass niemand mehr in der Lage war, auch nur einen Laut von sich zu geben. Im Hörsaal herrschte Totenstille. Mitten hinein in diese Totenstille fragte ein Student: „Und wie viel ist das jetzt in Hektolitern?".

Eine weitere Anekdote ereignete sich in einer Physikvorlesung. Der Dozent Prof. Vogel brachte einen Maßkrug mit. Diesen füllte er mit groben Kieselsteinen bis an den Rand voll. Er fragte daraufhin die Studenten: „Ist dieser Krug voll?". Als niemand widersprach, nahm er eine Schaufel feinere Kieselsteine und füllte diese in die Lücken zwischen den groben Kieseln. Wiederum fragte er die Studenten: „Ist dieser Krug voll?". Als wiederum niemand widersprach, nahm er eine Schaufel mit Sand und füllte diese in die Lücken zwischen groben und feinen Kieseln. Ein weiteres Mal fragte er die Studenten: „Ist dieser Krug voll?". Dieses Mal erhob sich ein Student mit den Worten: „Nein, Herr Professor, dieser Krug ist nicht voll." Zum Beweis seiner Behauptung nahm er eine Flasche Weihenstephaner Bier, öffnete sie und füllte sie restlos in den Maßkrug mit den Worten: „Für ein Bier ist immer noch Platz."

Studiert wurde und wird natürlich nicht nur in Weihenstephan. Wie dort fand und findet das Bier jedoch Eingang ins Studentenleben. Hier einige herausragende Beispiele [9]:

Im Bier liegt Weisheit, im Bier liegt Kraft,
die treiben zu herrlichen Thaten.
O Studio, was hast du beim Biere geschafft,
nie wär' es dir sonst wohl gerathen!
  (Aus einem Studentenlied um 1860)

Die Lage einer fremden Gegend kennen,
der Städte Pracht und ihre Namen nennen,
ist nichts, ist bloße Theorie.
Des Dorfes Bier und seine Stärke wissen, ist praktische Geographie!
  (Aus einer Leipziger Studenten-Geographie um 1840)

Nun sagt, ihr Leute,
wie mag es nur geschehen,
dass gestern, morgen, heute wir stets zum Biere gehen?
Das kommt, ich will's euch sagen,
nur vom Studieren her:
Wer will sich damit plagen!
Das Bier behagt uns mehr!

Zur Kneipe schreitet der Student,
er weiß nach rechtem Werth zu schätzen
das Bier, sein Lebenselement.

Da zeit er ein des Humpens Schwere,
den Maßkrug leer mit Consequenz,
und zieht aus ihm die beste Lehre,
der höchsten Weisheit Quintessenz.

Ich hab' den ganzen Vormittag
auf meiner Kneip' studiert,
drum sei auch der Nachmittag
dem Bierstoff dediciert.

Noch besser leben mit alkoholfreiem Bier ?!!

Sind wir doch mal ehrlich. Unsere Vorfahren hätten sich bei dem Gedanken an alkoholfreies Bier „im Grab herumgedreht". Wir wollen tiefenpsychologisch alle starke Männer und Frauen sein. Dazu gehören Dinge wie schnelle und teure Autos zu fahren, zehn Flaschen Bier zu trinken, ohne sich etwas anmerken zu lassen, fünf Kinder mit mindestens fünf verschiedenen Partnern zu haben oder drei Tore in einer Halbzeit zu schießen. Alkoholfreies Bier ist nichts von alledem. Es ist weder schick noch sexy. Es widerspricht sogar in besonderem Maße der goldenen Regel der Verkaufspsychologie, wonach 80 % der Kaufentscheidungen nicht mit dem Kopf, sondern mit dem Bauch getroffen werden, denn es ist ein „Vernunftprodukt". Für viele „gestandene Biertrinker" hat ein alkoholfreies Bier etwas von einem „Horrortrip". Emotional rangiert es etwa auf einer Ebene mit impotenten Männern, frigiden Frauen, koffeinfreiem Kaffee oder fettarmem Käse. Fast erinnert man sich an die Anfänge der Discounter, als unsere Eltern uns beauftragten, die Sonderangebote mitzubringen, weil sie selbst nicht dort gesehen werden wollten. Hinzu kommt, dass auch der Geschmack alkoholfreier Biere häufig als negativ empfunden wird.

Emotional ist die Sache also eindeutig. Ob als Bierbrauer oder als Biertrinker – wir sind dagegen. Der Bauch sagt „nein" zum alkoholfreien Bier und ich bekenne es aufrichtig und ehrlich – mir geht es genauso.

Allerdings besteht weder der Bierbrauer noch der Biertrinker nur aus dem Bauch. Der Kopf spielt dann doch eine gewisse Rolle. Der Kopf sagt „keinen Alkohol", wenn wir noch Auto fahren oder arbeiten müssen, wenn wir noch Sport treiben oder mit unserem Partner der non-verbalen Kommunikation frönen wollen.

Marktbedeutung alkoholfreien Bieres

Eben weil der „Bauch dagegen ist" führten alkoholfreie Biere viele Jahre lang ein Schattendasein. Sie hatten einen vernachlässigbaren Marktanteil von etwa 2 % am gesamten deutschen Biermarkt. Statistisch gesehen bedeutet dies, dass jeder Deutsche täglich etwa 0,06 l alkoholfreies Bier trank. Praktisch gesehen bedeutet dies natürlich, dass vier von fünf Deutschen auf ihren Bauch hörten und eben gar kein alkoholfreies Bier tranken.

Heute haben sich die Zeiten geändert. Der Markt für alkoholfreie Biere und insbesondere für alkoholfreie Hefeweizenbiere wächst nach der folgenden Tabelle seit 2004 und hat sich auf etwa 3,0 % des deutschen Biermarktes erweitert. Das ist immer noch nicht viel, aber diesmal könnte es ein „Mega-Trend" werden. Die Anzahl derer, die auf ihren Kopf hören wollen oder müssen hat sich verdoppelt. Punktnüchternheit, kalorienbewusste und gesunde Ernährung oder Sport sind heute im Bewusstsein vieler Menschen viel stärker verankert als dies noch vor wenigen Jahren der Fall war.

Jahr	Produktion alkoholfreies Bier [Mio. hl]	Anteil am Biermarkt [%]
2009	2,949	2,95
2008	2,787	2,71
2007	2,672	2,66
2006	2,483	2,38
2005	2,436	2,26
2004	2,246	2,07
2003	2,133	2,01
2002	2,224	2,07
2001	2,324	2,14
2000	2,396	2,17

Produktion und Anteil am Biermarkt alkoholfreien Bieres in Deutschland nach www.brauwelt.de

Für die Braubranche selbst könnte das Thema „alkoholfreies Bier" zu einer Art „Rettungsanker" werden. Die genannten Trends führen bereits seit rund 15 Jahren dazu, dass der Bierkonsum in Deutschland jedes Jahr um 1 – 2 % zurückgeht. Tranken wir noch Mitte der neunziger Jahre jährlich etwa 150 l Bier pro Kopf und Jahr, so sind es heute noch 105 l. Bezogen auf 80 Millionen Deutsche fehlen also relativ zum Spitzenwert rund 3,6 Milliarden l jährlich – eine gigantische Zahl, angesichts derer das Brauereisterben niemanden mehr wundern kann. 3,6 Milliarden Liter oder 36 Millionen hl entsprechen in etwa der Braukapazität der zehn größten Brauereien oder der vierfachen Braukapazität aller deutschen Gasthausbrauereien zusammen. Auch für die Brauereien stellt sich also die Existenzfrage, dem eigenen Aussterben nach und nach zuzusehen oder eben einen „Rettungsanker" zu finden, der sich an einer Zukunftsperspektive festhängt.

Physiologische Beurteilung alkoholfreien Bieres

Gehen wir doch einfach einmal ganz nüchtern und wertneutral mit dem Thema um. Stellen Sie sich einfach einmal vor, Sie hätten die Überschrift und den Beginn dieses

Kapitels nie gesehen und Sie wüssten deshalb nicht, worum es hier überhaupt geht und was hier los ist. Und nun lesen Sie geistig vollkommen neutralisiert die folgende Produktbeschreibung:

➤ Isotonisch – ideal zum Löschen des Durstes und zur Regeneration nach dem Sport (gilt nur bei Herstellung mittels „gestoppter Gärung").

➤ Vitaminreich – enthält alle für den menschlichen Körper notwendigen Vitamine mit Ausnahme von Vitamin C. Hinzu kommen viele Aminosäuren und Spurenelemente.

➤ Kalorienreduziert – enthält mit 26 kcal / 100 ml in etwa so viele Kalorien wie eine Apfelsaftschorle und deutlich weniger als etwa Limonaden, Säfte oder Colagetränke mit 40 – 50 kcal / 100 ml oder Milch mit bis zu 110 kcal / 100 ml.

➤ Hoher Anteil an Kohlenhydraten und leicht verfügbaren Zuckern.

➤ Fett- und cholesterinfrei.

➤ Reich an Kalium und Magnesium, arm an Natrium.

➤ Alkoholfrei – enthält mit 0,2 – 0,3 % Alkohol genauso viel wie etwa ein Brötchen oder Schnitzel und deutlich weniger als viele Säfte mit bis zu 1,0 % Alkohol.

➤ Ballaststoffe zur Förderung der Verdauung.

➤ Aus den natürlichen Rohstoffen Wasser, Hopfen, Malz und Hefe hergestellt nach dem deutschen Reinheitsgebot.

➤ Naturtrüb und hefehaltig (bei alkoholfreien Hefeweizenbieren – dem „Marktführer").

➤ Magen- und zahnfreundlich durch einen relativ hohen pH-Wert von 4,5 gegenüber einem deutlich niedrigeren pH-Wert bei vielen Colagetränken, Limonaden oder Säften mit 2 – 3.

Objektiv betrachtet, klingt dies nach einem phantastischen Getränk mit phänomenalen Eigenschaften, für das man in der Apotheke, im Reformhaus oder im Fitnesscenter viel Geld bezahlt und das Ärzte im Krankenhaus ihren Patienten verabreichen. Machen Sie sich

Alkoholfreies Weizenbier Hefe Hell aus der Lahnsteiner Brauerei

jedoch nun keine Sorgen, es sind die Produkteigenschaften von alkoholfreiem Bier und Sie bekommen den Kasten für ca. 10 – 15 € im Supermarkt. Gäbe es dieses Getränk nicht, so müsste es wohl schleunigst erfunden werden. Die meisten der genannten Eigenschaften gelten übrigens für ein „normales" alkoholhaltiges Bier gleichermaßen.

Der hohe Wasseranteil bei relativ geringem Alkoholgehalt und der ebenso hohe Gehalt an Mineralstoffen und Vitaminen führen dazu, dass das häufig isotonische alkoholfreie Bier und das fast isotonische alkoholhaltige Bier nicht nur die beim Sport verlorene Flüssigkeit schnell ersetzt. Seine schnell verfügbaren Kohlenhydrate wirken zudem als Energiespender und verkürzen die Regenerationsphase. Dies bestätigt auch der amerikanische Kardiologe Sheehan insbesondere für den Ausdauersport.

Die italienischen Sportmediziner Antonelli und Romano sind darüber hinaus zu dem Ergebnis gekommen, dass ein Liter Bier pro Tag Leistung, Konzentration und Reaktion von Sportlern steigert und die Muskeln stärkt. Dass Bier die Lungentätigkeit steigert und damit rascher Sauerstoff aufgenommen werden kann, hat der französische Mediziner Gulpin herausgefunden.

Der Gehalt des Bieres an Mineralstoffen, insbesondere an Magnesium, ist ideal bei der Vorbeugung von Krämpfen, eines der Hauptprobleme bei Langstreckenläufern. Auch scheint das Bier günstigen Einfluss auf die Hämaturie zu haben. Diese kann bei lang andauernden Läufen entstehen, wobei es durch die mechanische Belastung zum Zerreißen kleiner Blutgefäße in der Blase oder in der Niere kommt. Dunkel gefärbter Urin ist ein Hinweis auf solche Blutungen.

Der österreichische Mediziner Professor Dr. Sepp Porta fand heraus, dass geringe Biermengen die Muskelregeneration nach Sport nachweislich beschleunigen. Durch die leicht zugänglichen Kohlenhydrate steigt der Blutzuckerspiegel. Das Blut wird leicht angesäuert, wodurch es seinen Sauerstoff schneller an Muskeln und Gewebe abgibt. Adrenalin bedingte Gefäßverengungen werden verhindert. Diese positiven Effekte werden etwa mit Mineralwasser nicht erreicht.

Wie die nachfolgende Tabelle zeigt, ist der Kaloriengehalt alkoholfreien Bieres relativ zu anderen Getränken niedrig. Selbst der Kaloriengehalt alkoholhaltigen Bieres liegt im Bereich vieler anderer Getränke oder sogar darunter. Auch der Deutsche Brauer-Bund bezeichnet den Bierbauch in seiner Broschüre „Bier Gesundheit" als „Legende". Er weist ebenfalls darauf hin, dass Bier im Vergleich zu anderen Lebensmitteln oder Getränken relativ wenige Kalorien enthält. Es wird daher als „gewichtsneutral" bezeichnet.

Getränk	Kaloriengehalt [kcal / 100 ml]
Alkoholfreies Bier	21 – 27
Vollbier (Pils / Alt / Kölsch / Weizen)	41 – 45
Malztrunk	43 – 50
Limonade / Cola	43 – 50
Fettarme Milch 1,5 %	47
Apfel- / Orangensaft	43 – 48
Vollmilch 3,5 %	68
Traubensaft	74
Wein	78
Sekt	85
Spirituosen	185

Kaloriengehalt von Getränken

Alkoholgehalt alkoholfreien Bieres und anderer Getränke

Auf den Etiketten alkoholfreier Biere befindet sich die nicht völlig neutrale Kennzeichnung „Restalkoholgehalt unter 0,5 %". Neben dem Wasser ist der Alkohol haupt- und wertgebender Bestandteil des Bieres. Alkohol, chemisch gesehen Ethanol oder Ethyl-Alkohol, ist keine Entwicklung der Brauer oder der modernen Industriegesellschaft. Alkohol ist ein Stoff, der in der Natur überall anzutreffen ist. Natürliche und dem Menschen vertraute Lebensmittel wie Obst, Gemüse, Fleisch, Käse oder Backwaren enthalten 0,2 – 0,3 % Alkohol. Frucht- oder Fruchtsäfte enthalten sogar bis zu 1,0 % Alkohol. Relativ dazu gesehen haben alkoholhaltige Getränke folgenden Alkoholgehalt:

Getränk	Alkoholgehalt in Volumen-%
Alkoholfreies Bier	< 0,5
Leichtbier, Biermischgetränke (Radler)	2 – 3
Vollbier (Pils, Alt, Kölsch, Weizen, Export)	4 – 6
Starkbier (Bockbier)	7 – 9
Wein	8 – 13
Spirituosen	28 – 50

Alkoholgehalt von Getränken

Auf diesen natürlichen Alkoholgehalt von Lebensmitteln hat sich der menschliche Körper im Laufe der Evolution eingestellt. Im Magen ist ständig die Alkohol-Dehydrogenase vorhanden. Dieses Enzym, ein biochemischer Katalysator, wandelt den Alkohol in Wasser und Kohlendioxid um, sodass er nicht bis ins Blut gelangt und seine bekannten Nebenwirkungen nicht entfalten kann. Deshalb kann man von Brot oder Apfelsaft auch nicht betrunken werden. Dies gilt auch für alkoholfreies Bier, das bis zu 0,5 % Alkohol enthält.

Erst wenn man Alkohol in höherer Konzentration aufnimmt, ist unsere Alkoholdehydrogenase überfordert. Der Alkohol wird schneller zugeführt, als er abgebaut werden kann, und gelangt über die Magenwand ins Blut.

Für den Umgang mit dem Alkohol gilt eine alte Regel von Paracelsus: „Auf die Dosis kommt es an". Aus den Empfehlungen der Weltgesundheitsorganisation WHO ist eine Dosis von 10 – 30 Gramm Alkohol täglich zu entnehmen. Diese gilt nicht nur als unbedenklich, sondern sie führt sogar eindeutig zu einem 40 % geringeren Herzinfarktrisiko. 10 – 30 Gramm Alkohol entsprechen etwa 0,25 – 0,75 Litern Pils, Alt oder Kölsch. Dabei gehört Bier zu den alkoholischen Getränken mit einem vergleichbar niedrigen Alkoholgehalt. Dies zeigt auch die Tabelle.

Neben dem Alkohol enthält Bier aber noch eine Vielzahl anderer Substanzen. Bisher wurden über 7.000 Inhaltsstoffe nachgewiesen, darunter Vitamine, Mineralien, Spurenelemente, Eiweiße und essentielle Aminosäuren.

Vom Kopf zur Bauchsache: Alkoholfreies Bier im Ausdauersport

So weit zu den „Kopfsachen" und zur Vernunft. Das Schöne am Thema ist, dass wir nun, nach so viel Sachlichkeit, wieder zum Bauch zurückkehren können. Das Beispiel des Marathonlaufes bestätigt sowohl aus der Sicht vieler Profis als auch aus den Erfahrungen von noch viel mehr Freizeitsportlern, wie positiv der Bauch das alkoholfreie wie alkoholhaltige „Bier danach" aufnimmt.

Bier trank ich schon immer gern. Was sollte man auch von jemand erwarten, dessen Familie nachweislich seit mehr als drei Jahrhunderten Bier braut. Aber selbst ich hatte im Ziel meines ersten Marathons Hemmungen. „Ein Bier wird dich jetzt umhauen", so dachte ich. Dies war in jedem Fall falsch gedacht. Mit Tee, Wasser, Früchten oder Keksen versuchte ich, meinem erschöpften Körper wieder Leben einzuhauchen, doch auf alle diese Dinge reagierte er nicht mit dem erhofften Wohlgefühl. Also gab ich der Lust auf ein Bier nach, damals in Form eines Hefeweizens. Der Rest ist schnell erzählt. Das

Potenzielle Anwender alkoholfreien Bieres beim Start zum größten deutschen Marathon in Berlin

Hefeweizen machte Lust auf mehr und sogar einen Schweinebraten mit Knödeln konnte ich danach wieder vertragen. Seither führt mich der erste Weg im Ziel eines jeden Marathons zum Bierstand.

Eine fast identische Geschichte schildert der ehemalige Weltklasseläufer Manfred Steffny in seinem Buch „Marathontraining". Auch er trank nach totaler Erschöpfung das erste Beste, was man ihm reichte, und erbrach sich. Ähnlich erging es ihm mit dem zweiten und dritten Besten, bis er schließlich einen Schluck Bier trank. Von da an griff er „... gleich zum Bier, soweit es in Reichweite war". Steffny empfiehlt nach sportlicher Betätigung Bier in einem Atemzug mit stillem Wasser, Tee, Hühnerbrühe und – überraschender Weise – mit Coca Cola. Dagegen rät er „... absolut ab ..." von Milch, Kakao, Kaffee, Limonade, sprudelndem Mineralwasser und auch Wein.

Gleiches schildert auch der Weltmeister im Marathon der Parlamentarier Dr. Reinhold Lopatka. Er bestätigt, dass manche Läufer nach einem Marathon selbst isotonische Sportgetränke nicht vertragen und zunächst nur Bier zu sich nehmen. Die Neigung zum

Bier gilt dabei nicht nur für Amateure. In einer repräsentativen Umfrage gaben 92 % von 360 befragten Spitzensportlern an, vor oder nach sportlicher Betätigung Bier den Vorzug zu geben. Insbesondere schätzten die Sportler am Bier die erfrischende Wirkung und die Reinheit.

Einer der berühmtesten und größten Marathonläufe der Welt, der New York City Marathon, hat sogar sein eigenes Bier, das auf der Nudelparty ausgeschenkt wird.

Bei einem der berühmtesten und größten Marathonläufe Deutschlands, dem Frankfurt Marathon, lief ich im Jahre 2004 nicht nur meine persönliche Bestzeit von 3:10 h, sondern es offenbarte sich wieder einmal die phänomenale physiologische Wirkung des Bieres. Nach dem Lauf hatte ich ein kleines Problem, denn immer, wenn ich meine Strümpfe auszuziehen versuchte, erfasste mich ein Muskelkrampf. Also gab ich erstmal auf und setzte mich auf den Boden. Neben mir saß ein weiterer Läufer mit dem gleichen Handicap. Während wir uns gegenseitig beklagten, fiel mir ein, dass ich von der Zielverpflegung zwei Dosen Bier mitgenommen hatte. Diese tranken wir genüsslich gemeinsam aus und siehe da – die wundersame Heilung setzte ein. Im Anschluss konnten wir uns beide „krampffrei" aller gewünschten Kleidungsstücke entledigen.

Alkoholfreies Bier – so wird's gemacht

Entledigen muss man sich beim alkoholfreien Bier auch des Alkohols. Dazu bestehen zwei verschiedene Techniken, zum einen die nachträgliche Entalkoholisierung und zum anderen die „gestoppte Gärung". Beim Bier entsteht der Alkohol durch die alkoholische Gärung innerhalb von drei bis sieben Tagen. Stoppt man die alkoholische Gärung unmittelbar nach Beginn wieder ab, so wird nur in geringem Umfang Alkohol gebildet. Da diese gestoppte Gärung in jeder Brauerei mit den vorhandenen Anlagen ohne jeden Investitionsaufwand durchgeführt werden kann, wird diese Technik sehr häufig in mittelständischen Brauereien eingesetzt.

Die technisch aufwendigere Lösung ist die nachträgliche Entalkoholisierung eines Bieres. Dies kann durch Destillation oder Membranfiltration geschehen. Hierfür muss in eine eigene Anlage investiert werden, sodass die Entalkoholisierung meist in Großbrauereien eingesetzt wird.

Unabhängig vom Herstellungsverfahren kann man alkoholfreie Biere in Geruch und Geschmack deutlich von ihren alkoholhaltigen Pendants unterscheiden. Zum einen ist der Alkohol selbst zwar ohne eigenen Geschmack, aber er beeinflusst den Geschmack anderer Stoffe. Hierzu ist bei einem Getränk wie dem Bier mit bis zu 8.000 Inhaltsstoffen reichlich Gelegenheit. Diese Wirkung des Alkohols fehlt beim alkoholfreien Bier. Zum anderen werden bei der „gestoppten Gärung" zahlreiche Geschmacks- und Geruchsstoffe gar nicht erst gebildet, während sie bei der nachträglichen Entalkoholisierung wieder verloren gehen.

Es muss aber auch gar nicht so sein, dass alkoholfreies Bier genauso schmeckt wie alkoholhaltiges Bier. Es handelt sich um ein eigenständiges Produkt, das aus einer eigenständigen Motivation zu eigenen Anlässen getrunken wird und demnach auch einen eigenen Geschmack haben darf. Dieser Geschmack ist immerhin deutlich intensiver als etwa der von Wasser.

Alkoholfreies Bier – isotonisch oder nicht?

Im vorangegangenen Abschnitt wird bereits erwähnt, dass nicht alle alkoholfreien Biere auch die insbesondere bei Sportlern begehrte Eigenschaft „isotonisch" besitzen. Isotonisch sind nur die alkoholfreien Biere, die nach dem Verfahren der gestoppten Gärung gebraut sind. Die alkoholfreien Biere, die nachträglich entalkoholisiert werden, sind nicht isotonisch. Nun stellt sich in der Praxis die Frage: Wie kann man dies erkennen?

Zum einen erkennt man es oft schon am Flaschenetikett wie dem vorher abgebildeten, das deutlich auf die Eigenschaft „isotonisch" hinweist. Oft findet sich dort oder im Internet auch eine Angabe zum Brauverfahren. Eine Anfrage direkt bei der Brauerei löst das Thema ebenfalls.

Einen indirekten Hinweis liefern zum anderen die „0,0 % Biere". Dieser Wert lässt sich mit einer gestoppten Gärung nicht erreichen, nur mit einer Entalkoholisierung. „0,0 %" Biere sind also definitiv nicht isotonisch.

Wer sichergehen will, sollte einfach nur diejenigen alkoholfreien Biere trinken, deren Brauverfahren er kennt oder die explizit als isotonisch ausgelobt werden.

Fazit: Alkoholfreies Bier ist das ideale Getränk zu jedem Anlass

Bier ist ein fast ideales Getränk. Wäre da nicht der Alkohol, so könnte es maß- und bedenkenlos genossen werden. Als logische Konsequenz ist das alkoholfreie Bier ein ideales Getränk zu jedem Anlass. Es wird daher in unserer modernen, an der Gesundheit und an der Fitness orientierten Welt, seinen festen Platz einnehmen. Das ist gut so, denn es gibt kein anderes Lebensmittel oder Getränk, dessen Reinheit und Natürlichkeit bereits seit dem Jahre 1516 durch ein eigenes Reinheitsgebot geschützt wird und dadurch verdienten Weltruhm erlangte.

Laufen und saufen

Unter dieser Überschrift veröffentlichte Spiegel-Kolumnist Achim Achilles einige höchst interessante Punkte zum Thema [50]. Viele davon sind aus „Besser leben mit Bier" bereits bekannt, einige jedoch auch nicht.

- Beim Marathon du Medoc www.marathondumedoc.com in Frankreich sowie beim Marathon du Cahors www.cap-orn.org in Spanien stehen zwar die berühmten 42,195 km als Ziel, nicht jedoch das Erreichen desselben in Bestzeit im Mittelpunkt. Bei beiden Rennen versorgt die Region ihre Läufer ausgiebig mit den lokalen Erzeugnissen, wozu auch ausgiebige Mengen Wein zählen. Vielleicht sollte es bald mal einen „Marathon fränkische Bierstraße" geben.

- Selbst beim Vollrausch geht keine Kondition verloren. Die Kondition entsteht aus dem Zusammenspiel von Herz, Kreislauf, Lunge, Blut und Muskeln. Ein einmaliger heftiger Alkoholkonsum bewirkt keine anhaltenden Schäden dieser Organe. Nach einem Saufgelage ist die Leistungsfähigkeit jedoch kurzfristig eingeschränkt, denn beim Stoffwechsel des Alkohols entstehen Abfallprodukte, und der Körper muss sie zuerst beseitigen, bevor man ans Laufen denken kann. Und wenn Sie zu häufig feiern, wird das Training zu kurz kommen.
- Der Weltklasse-Marathonläufer Antonio Pinto, der die Strecke unter 2:09 Stunden laufen konnte, trank nach eigenen Angaben mehr als einen Liter Wein am Tag.

Kostümierte Teilnehmer
beim Marathon du Medoc

Ohne Limit – Ultramarathon laufen mit Bier

In „Besser leben mit Bier" verblüffte bereits das Kapital „Besser Marathon laufen mit Bier". Jetzt setzen wir buchstäblich „noch einen drauf". Das Laufen im Allgemeinen wie auch das Durchstehen eines Marathons im Besonderen ist mittlerweile zum Breiten-sport geworden. Fast jeder von uns ist schon einmal gelaufen, viele laufen regelmäßig und die meisten von uns kennen persönlich Menschen, die schon ein- oder mehrmals die 42,195 km eines Marathonlaufs hinter sich gebracht haben. Obwohl er – genau wie das Bier – damit zum Alltag gehört – ist der Marathonlauf – wieder genau wie das Bier – doch noch immer ein Mythos.

Doch die Geschichte vom Mythos Marathon und vom Mythos Bier ist noch nicht zu Ende. Vor Jahr-zehnten, zu Beginn der Laufbewegung, machten sich einige auf, den Mythos Marathon zu erleben. Viele Marathonläufe, die vor 20, 30 oder 40 Jahren erstmals mit ein paar hundert Teilnehmern ausge-tragen wurden, zählen heute 10.000, 20.000 oder sogar 40.000 Teilnehmer. Und vielen Marathonläu-fern, die damals begannen und die mittlerweile Dut-zende von Marathons „auf dem Buckel haben", ist dieser Marathon zu alltäglich geworden. So absurd das klingen mag: Für diese Läufer stellt der Mara-thonlauf an sich keine Herausforderung mehr dar.

Der Autor beim Chiemgauer Ultra 2009, einem 100 km Lauf mit 4.400 Höhen-metern
(Foto: Michael Raab)

So entwickelt sich seit einigen Jahren eine kleine, dafür aber sehr lebendige Szene von Ultramarathon-läufern. Ja, Sie haben richtig gelesen: Ultramarathon oder zu deutsch „mehr als Mara-thon". Wir reden hier von Distanzen bis zu 250 km am Stück und das oft noch flankiert durch ein paar tausend Höhenmeter im Gebirge oder durch das extreme Klima in der Wüste. Ob diese „Ultras" nun Helden, Extremsportler, Freaks oder auch Irre und Durch-geknallte sind, ob man ihnen Bewunderung entgegenbringen oder sie in die Klapsmühle stecken sollte, diese Diskussion klammern wir hier aus, alleine schon deshalb, da ich selbst zu den „Ultras" gehöre.

Tatsache ist in jedem Fall, dass die Ultras genau wie die „Marathonis" und die Läufer eine besondere Beziehung zum Bier haben.

In ihrem Ratgeber für Ultra- und Langstreckenläufer schildert die bekannte Ultraläuferin Birgit Lennartz: „Für viele Läufer ist ein Bierchen nach dem Training das „Highlight"[51]. Ebenso würdigt Lennartz die Inhaltsstoffe des Bieres und auch die alkoholfreien Biere. Wichtig ist hier der Hinweis, dass nicht alle alkoholfreien Biere isotonisch sind. Mehr dazu im entsprechenden Kapitel.

Anhand einer Umfrage unter Ultraläufern stellte Lennartz im Jahre 1992 weiter fest, dass 91 % der Befragten regelmäßig Alkohol konsumierten. Dies geschah überwiegend in Form von Bier mit einem durchschnittlichen Konsum von knapp einem Liter pro Tag. Dies liegt erheblich über dem durchschnittlichen Bierkonsum eines Bundesbürgers von etwa 0,3 l pro Tag, entspricht aber exakt den Empfehlungen der Weltgesundheitsorganisation WHO, die einen Konsum von 40 g Alkohol pro Tag entsprechend einem Liter Bier als unbedenklich einstuft.

Völlig widerlegt wird durch diese Ergebnisse die Vorstellung, ambitionierte Sportler seien asketische und abstinente Eigenbrötler – eher das Gegenteil wird bestätigt. Genau dies schildert auch der Philosophieprofessor und Extremsportler Wolfgang Lenzen in seinem Buch „Magische Ziele"[52]. Lenzen trinkt am Abend vor einem Wettkampf und auch danach „gerne mal ein Bierchen" und hält dies auch für die Masse der Ausdauer- und Extremsportler für repräsentativ.

Der Deutsche Brauer-Bund e. V. zum Thema Laufen und Bier

Um allen vorzubeugen, denen jetzt das „aber" auf der Zunge liegt und deren mahnender Zeigefinger sich gerade schon ausstreckt: Auch Lenzen spricht vom „vernünftigen" Alkoholkonsum.

Fazit: Biertrinker sind nicht nur die besseren Marathonläufer, sie sind auch die besseren Ultramarathonläufer.

Im Umkehrschluss drängt sich sogar die Frage auf: Wenn eine so große Mehrheit der Ultraläufer gerne Bier trinkt, ist dann vielleicht das Bier der Grund für ihre Höchstleistungen? Aus der phänomenalen physiologischen Wertigkeit des Bieres heraus ist dies sogar begründet.

Mit Limit – Marathon-Bier und „normale" Marathons laufen mit Bier

Beide Themen scheinen sich kontinuierlich und gegenseitig zu entdecken, denn der Autor ist wahrhaft weder der erste noch der einzige, der einen kausalen Zusammenhang zwischen den Themen Marathon und Bier herstellt.

So gibt es sogar ein Bier unter dem Namen „Marathon", das von sich selbst behauptet: „Marathon ist das griechische Bier, das mit seinem vollen und angenehmen Geschmack die Biergenießer sofort begeistert". Seine Geschichte begann im Jahr 1971, als mit der Produktion dieses Biers, das seinen Namen dem berühmten Marathonlauf verdankt, in Griechenland begonnen wurde, von wo es in die entferntesten Winkel der Welt gelangte (z.B. auf die Malediven!).

Marathon ist ein Lagerbier, das sich gut trinken lässt, mit 5 % Alkoholgehalt, spezieller Verpackung und angenehmem Geschmack. Es ist aus hochwertigen Naturrohstoffen (Gerstenmalz, Hefe, Hopfen und Wasser) hergestellt und ist in meh-

Marathon-Bier

reren Ländern der Welt zu finden. Dazu gehören die USA, Kanada, Frankreich, Italien, Schweden, Japan, Oman, Israel und auch die Schweiz [53].

Doch die Geschichte geht noch weiter. „Bier gibt Power für den Marathon", bestätigt der Mediziner Professor Hans Hoffmeister [54].

Der größte Traum vieler Läufer: Einmal am Marathon der schillernden US-Metropole New York teilnehmen! Für drei deutsche Brauerei-Chefs wurde dieser Traum wahr. Um sich auf das Sportevent vorzubereiten, absolvierten sie ein „bieriges" Training: „Ein Jahr lang jeden Abend einen Liter Bier trinken, jeden Morgen laufen", das war das Motto von Hans Spielmann, Hugo Fiege und Heiner Schneider. Denn: „Bier ist ein Fitmacher, wenn man es in Maßen genießt", ist sich Hans Spielmann sicher. „Wir wollten mit unserem Lauf zeigen, dass Bier eben kein Dickmacher ist", so Heiner Schneider, „sondern ein isotonisches Getränk, das nicht schädlich für den Leistungssport ist." Und auch Hugo Fiege bekräftigt: „Was Besseres gibt's gar nicht. Bier enthält relativ wenig Alkohol und viel Magnesium, Kalium und Vitamine. Alles Stoffe, die der Körper benötigt, damit Muskeln und Nerven richtig funktionieren." Sein Kollege Hans Spielmann ergänzt: „Ein teures Sportaufbaupräparat enthält Mineralien, Bierhefe und Hopfenextrakt. Das ist in Bier auch drin!"

Was die drei Brauereichefs praktisch erprobten, ist wissenschaftlich fundiert. „Bier ist nicht nur ein guter Durstlöscher", erklärt Professor Hoffmeister, „sondern eine hervorragende Energiequelle". Es versorge den Körper vor einem Sportwettkampf ausgezeichnet mit Kohlehydraten. Daher biete sich Bier als Getränk vor Sport geradezu an, auch weil es so leicht verdaulich sei. „Aber auch seine Spurenelemente und Enzyme", erläutert der Mediziner, „sind beim Sport förderlich." Bier sei anderen – etwa gezuckerten Getränken – vorzuziehen. „Dafür spricht besonders", so der Professor, „dass Bier fast isotonisch ist". Die im Bier enthaltenen Ionenarten des Bieres seien denen der Blutflüssigkeit sogar ähnlicher als die von Wasser. Der Flüssigkeitsverlust beim Sport könne so besonders gut ausgeglichen werden. Der Arzt warnt jedoch vor übermäßigem Alkoholkonsum: „Der Biergenuss sollte aus medizinischer Sicht bei Männern einen Liter pro Tag und bei Frauen einen halben Liter täglich nicht überschreiten." Wer Sport treibt und zuvor Bier trinkt, kann sich sicher sein: „Bier in Maßen macht nicht dick!", bestätigt Professor Hoffmeister. Auch Biergenuss während des Sports sei unbedenklich – vorausgesetzt, es werde eine alkoholfreie Variante gewählt. Professor Hoffmeister hat die Forschungsergebnisse praktisch am eigenen Körper getestet: „Ich bin selbst Biergenießer und war jahrelang Läufer."

In jedem Fall haben die drei Brauerei-Chefs ebenso wie der Autor bewiesen: Bier ist das ideale Vorbereitungs-Getränk – alle drei erreichten in New York glücklich das Ziel.

Laufen mal ganz anders –
Fassathlon und PfunRun

Auch die weniger sportbegeisterten unter uns kennen sicherlich die Sportarten Triathlon oder Duathlon. Aber haben Sie schon einmal vom Fassathlon gehört? Oder vom Pfun-Run? Beides sind leicht exotische Varianten, um die Leidenschaft für das Bier und für das Laufen miteinander in Einklang zu bringen, und das ganz ohne Extremsport betreiben zu müssen.

Offiziell trägt der PfunRun den Namen „Pfungstädter Brauerei Cross", was eindeutige Rückschlüsse auf die Natur des Laufes zulässt. 2009 veranstaltete die TuS Griesheim den ersten PfunRun auf dem Gelände der Pfungstädter Brauerei im schönen Hessenland.

Läufer im Fasslabyrinth des PfunRun
(Foto © Thomas Zöller – www.zoeller-foto.de)

Kern des Laufes ist eine 1.000 m lange Strecke durch das Brauereigelände, das etliche Hindernisse birgt. Die Läufer springen über Hürden aus Bierkasten und krabbeln unter solchen hindurch, sie klettern durch einen Lastwagen, schlängeln sich durch ein Labyrinth von Fässern und durchlaufen Kistenschluchten. Der Parcours ist eng und winklig, sodass nicht nur die Hindernisse Kraft fordern. Wer nach einer Runde noch überschüssige Kräfte hat, der darf auch zwei, vier oder sechs Runden laufen. Hinzu kommen Team-Wettbewerbe. Mehr dazu unter www.pfunrun.de

Der Fassathlon verfolgt einen anderen Ansatz in einer anderen Region. Im sächsischen Freiberg geht es – der Name lässt es ahnen – um laufen, schwimmen, Rad fahren, Bier

*Start des Fassathlon 2008
(Quelle: www.fassathlon.de)*

*Teilnehmerin beim Fassathlon 2008 (Quelle: www.
fassathlon.de)*

trinken und ein Fass tragen. Ein Sport, der wahrlich verschiedenste Talente fordert. Fünf Kilometer laufen, zweihundert Meter schwimmen und zehn Kilometer Rad fahren sind ja isoliert gesehen schon eine gewisse sportliche Leistung. Doch damit nicht genug, das Ganze geschieht mit einem – glücklicherweise leeren – 25 Liter Bierfass auf dem Rücken. Trotz des vom Veranstalter gestellten Tragegestells wiegt die Last noch immer zehn Kilogramm, die gefühlt mit jeder Wettkampfminute schwerer werden. Und so ein Fass auf dem Rücken ist auch nicht eben handlich, was besonders beim Schwimmen zum Tragen kommt. Wer dennoch das Ziel erreicht, auf den wartet eine weitere Aufgabe. Eine Maß Bier – 1.000 ml – will getrunken sein, bevor die Zielzeit abgestoppt wird. Profis lassen sich hierbei etwas Zeit. Denn wer sich verschluckt, der braucht letztlich mehr Zeit als der Langsame, und wer sich im Anschluss übergibt, der wird disqualifiziert. Harte Sitten in Sachsen. Harte Fakten unter www.fassathlon.de

Die 1. Fassathlon-Weltmeisterschaft – so der offizielle Titel – fand am 1. Juli 2003 statt. Seither gibt es jährlich eine Weltmeisterschaft mit allem was dazu gehört – Weltrekord und Weltrangliste. Unverkennbar ist die Geburt der Idee auf der Tour einiger Studenten durch Freibergs Kneipen. Die Internetseite strotzt vor unterhaltsamen Bemerkungen, die sich selbst nicht zwingend ernst nehmen. So enthält das Rennreglement epochale Paragraphen wie § 5c „Die Binnenschifffahrt bleibt von dieser Regelung vorerst unberührt".

Noch besser zapfen – Fassbier
und wie man es aus dem Fass bekommt

In Deutschland gibt es mindestens so viele Zapfexperten wie Bundestrainer. Die Diskussionen sind auch mindestens so heiß wie die Frage, ob nun „Poldi", „Schweini" oder „Hitz the hammer" auf's Feld und „Waldi" in die Kommentatorenbox einlaufen sollen. Einen Unterschied gibt es wie immer doch. Wenn Deutschlands Elitekicker mal wieder alles andere als elitär kicken, dann gefällt mir das nicht, aber durch den Fernseher durch kann ich niemandem an den Kragen gehen. Wenn mir aber mal wieder ein sogenannter Zapfexperte nach sieben Minuten ein tot gezapftes Pils als „frisch" anpreist, dann wird mich meine Frau hoffentlich auch in Zukunft irgendwo kurz vor dem Kragen aufhalten.

Auch wenn's manchem wehtun wird – hier einige goldene Regeln der Zapfkunst. Ein sehr gutes Bier zu zapfen
- dauert sieben **Sekunden**,
- erfordert einen **Kompensatorhahn**,
- erfordert den richtigen **Zapfkopf**,
- erfordert eine regelmäßig und fachmännisch gereinigte Schankanlage,
- erfordert fachmännisch gereinigte und mit klarem Wasser ausgespülte Gläser,
- erfolgt bei ausreichend **hohem** Zapfdruck
- und einer Temperatur von 6 – 8 °C.

Meine persönliche Empfehlung und die vieler Fachleute lautet: Zapfen Sie generell mit einem Kompensatorhahn.

Der entscheidende Unterschied zu anderen Schankhähnen wie dem Schwenk- oder Kükenhahn, dem Kolben- oder Kugelhahn liegt in der Möglichkeit, den Strömungsquerschnitt des Bieres in der Leitung zu regulieren. Dies geschieht durch einen in den Zapfhahn eingebauten Kegel, den Kompensator. Mit einem weiteren kleinen Hahn, der an der Seite des Zapfhahns eingebaut wird, lässt sich die Position des Kompensators und der Bierleitung verändern. Dadurch kann die Bierleitung vollständig verschlossen und stufenlos bis zum Maximum freigegeben werden.

Dadurch wird man in die Lage versetzt, auch bei frisch angeschlagenen Fässern oder bei stark schwankendem Absatz einwandfrei zu zapfen. Das sogenannte „Vorzapfen", bei dem das Bier schal und warm wird, entfällt.

Um problemlos mit einem Kompensatorhahn zapfen zu können, ist es notwendig, mindestens einen Betriebsdruck von 1,2 bar zu haben. Dafür ist der Kompensatorhahn

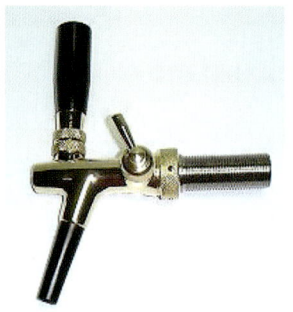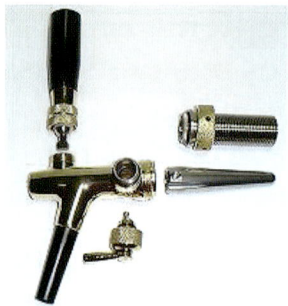

Kompensatorhahn komplett und
zerlegt (Quelle: www.bierzapfen.de)

auch für einen Betriebsdruck bis zu 3,0 bar geeignet. Ein Schwenk- oder Kükenhahn ist dagegen nur für einen Betriebsdruck von maximal 1,5 bar geeignet. Mit anderen Worten, er ist für viele Anwendungen ungeeignet. Außerdem ist der Kompensatorhahn einfach zu zerlegen und zu reinigen. Undichtigkeiten treten relativ selten auf.

Viele Zapfprobleme entstehen auch durch die Wahl des falschen Zapfkopfes. Wie an den folgenden Abbildungen deutlich wird, lassen sich manche Zapfköpfe leicht verwechseln, wenn man nicht richtig hinsieht. Der Fehler ist dennoch leicht zu erkennen. Wenn man den Zapfkopf gar nicht richtig auf dem Fitting ansetzen oder ihn nur mit Gewalt anschließen kann, dann hat man den falschen Zapfkopf gewählt.

Zur Reinigung von Schankanlagen gibt es umfangreiches Zubehör und professionelle Anleitungen, letztere etwa auf der Homepage des Deutschen Brauer-Bundes e. V. www.brauer-bund.de im Bereich Gastronomie zum freien Download. Um in der Gastronomie oder bei kommerziellen Veranstaltungen der Sorgfaltspflicht zu genügen, empfiehlt sich die Reinigung und Inbetriebnahme durch einen Fachmann.

Um Gläser zu reinigen, gibt es spezielle Reinigungsmittel. Handelsübliche Geschirrspülmittel sind dazu nicht geeignet. Sie senken die Oberflächenspannung so weit ab, dass auch nach einmaligem Ausspülen der Schaum sofort zusammenfällt. Auch bei fach-

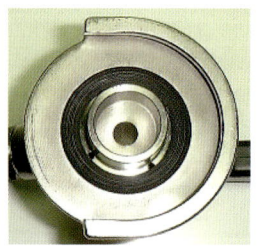

Flach- und Kombizapfkopf
(Quelle: www.bierzapfen.de)

Korb- und Korb-Draft-
Zapfkopf
(Quelle: www.bierzapfen.de)

männisch gereinigten Gläsern sollte ein Ausspülen derselben erfolgen, um Reste der Reinigungsmittel zu entfernen.

Die optimale Ausschanktemperatur von Bier liegt bei 6 – 8 °C. Kälter sollte es nicht sein, denn bei einer Temperatur von 4 °C und darunter stellen die menschlichen Geschmacksnerven ihre Tätigkeit ein und man nimmt keinen Geschmack mehr wahr. Außerdem ist es physisch nicht gesund, so kalte Getränke zu sich zu nehmen. Bei der professionellen Bierverkostung trinkt man Bier sogar mit einer Temperatur von 12 – 14 °C, um auch minimale geschmackliche Faktoren erkennen zu können. Allerdings bleibt dann die erfrischende Wirkung eines kühlen, frisch gezapften Bieres ein wenig auf der Strecke. Somit ist die Ausschanktemperatur von 6 – 8 °C letztlich ein Kompromiss zwischen Geschmack, Gesundheit und erfrischender Wirkung.

Um den korrekten Zapfdruck einzustellen, benötigt man drei Schritte.

1. Schritt: Sättigungsdruck ermitteln

Dazu stellt man die Biertemperatur (= Bierkellertemperatur) fest und liest aus der folgenden Tabelle den zugehörigen Sättigungsdruck ab.

5 °C = 0,8 bar	10 °C = 1,2 bar	15 °C = 1,6 bar	20 °C = 2,0 bar	25 °C = 2,4 bar
6 °C = 0,9 bar	11 °C = 1,3 bar	16 °C = 1,7 bar	21 °C = 2,1 bar	26 °C = 2,5 bar
7 °C = 1,0 bar	12 °C = 1,4 bar	17 °C = 1,8 bar	22 °C = 2,1 bar	
8 °C = 1,0 bar	13 °C = 1,5 bar	18 °C = 1,9 bar	23 °C = 2,2 bar	
9 °C = 1,1 bar	14 °C = 1,5 bar	19 °C = 1,9 bar	24 °C = 2,3 bar	

Sättigungsdruck in Abhängigkeit von der Biertemperatur

Im Sommer insbesondere bei Festen kommt es oft vor, dass Bier bis 26°C Temperatur hat.

2. Schritt: Förderdruck ermitteln

Der Förderdruck bezeichnet den Druck, der notwendig ist, um das Bier vom Fass durch die Bierleitung bis zum Zapfhahn zu fördern. Der Förderdruck ist abhängig vom zu überwindenden Höhenunterschied sowie von der Leitungslänge und dem Leitungsquerschnitt.

➤ Höhenunterschied
   Man benötigt einen Druck von 0,1 bar pro Meter Höhe, gemessen vom Fassboden bis zum Zapfhahn. Dies gilt unabhängig vom Leitungsquerschnitt.

➢ Leitungslänge

Die Reibungsverluste sind abhängig von der Länge und dem Durchmesser der Bierleitung. Bei 7 mm Leitungen rechnet man 0,1 bar pro 2 m, bei 10 mm Leitungen 0,1
bar pro 6 m Länge.

3. Schritt: Zapfdruck berechnen

Der Zapfdruck ergibt sich aus der Summe der drei Drücke für Sättigung, Höhenunterschied und Leitungslänge.

Beispiel:

Bei 20 °C Biertemperatur,
3 m Höhenunterschied und
6 m Leitungslänge bei
einer 10 mm Leitung

hat man 2,0 bar (Sättigungsdruck) +
0,3 bar (Höhenunterschied) +
0,1 bar (Leitungslänge)

ergibt einen **Zapfdruck von 2,4 bar.**

Dieser Druck sollte in der Praxis auf keinen Fall unterschritten werden.
Im Zweifelsfall sollte der Druck erhöht werden.

Wenn es schäumt, dann muss der Zapfdruck erhöht werden. Bier enthält Kohlensäure.
Es wird daher unter Druck abgefüllt. Würde man es nicht unter Druck abfüllen, so würde
sich die Kohlensäure entbinden und in Flaschen und Fässern würde sich Schaum bilden.
Wenn also in der Bierleitung zu wenig Druck ist, so entbindet sich die Kohlensäure in der
Bierleitung. Aus dem Zapfhahn kommt dann nur noch Schaum. Der Druck muss dann so
weit gesteigert werden, bis sich die Kohlensäure wieder im Bier löst und kein Schaum
mehr in der Bierleitung ist.

Der Anwendungsbereich für das Thema „Bierzapfen" und „Bierpflege" ist in jedem
Fall groß. Man schätzt, dass es alleine in Europa rund 1,8 Millionen Bierleitungen gibt [55].

Viele weitere Hinweise, Fotos und Unterlagen gibt es auf den Homepages
www.brauer-bund.de des Deutschen Brauer-Bundes e. V., unter www.bierzapfen.de
oder www.zapfhahn.de

Bessere Literatur und Links zum Bier

Die hier genannten Links sind alphabetisch geordnet, da ich eine inhaltliche Wertung zur Wahrung meiner journalistischen Neutralität nicht vornehme. Die Sammlung erhebt keinen Anspruch auf Vollständigkeit. Zahlreiche Links sind auch in den einzelnen Kapiteln und Quellenangaben bereits genannt.

- www.bieraculix.com – neue Bierideen
- www.bierbotschaft.de – Sylvia Kopps Büro für Text und Tastings
- www.biergartenverein.de – Verein zur Erhaltung der Biergartentradition e. V.
- www.bier-index.de – Deutschlands wohl beste Biercommunity –
  wir haben noch alle 21 Zacken in der Krone (Selbsteinschätzung)
- www.bier-lexikon.lauftext.de – Durst wird durch Bier erst schön
- www.bierliebhaber.com – Österreichs erstes Bier-Such-Portal
- www.bierspezialitaeten.com – Bierspezialitätenhandel Axel Tönsmann in Cottbus
- www.bierspot.de – für Freunde des Bieres
- www.biertaeglich.eu – erste Bier-Tageszeitung der Welt
- www.bierwelten.de – das Magazin rund ums Bier
- www.deutsche-bier-liga.de – Deutsche Bier Liga
- www.braufactum.de – Vertrieb internationaler Bierspezialitäten
- www.europeanbreweryconvention.org – Europäischer Brauerverband
- www.ggb-berlin.de – Gesellschaft für Geschichte des Brauwesens e. V.
- www.lahnsteiner-delikatessen.de – eigenständige Delikatessenseite der Lahnsteiner Brauerei
- www.lieblingsbier.de – Bier als Kulturgut aus Sicht einiger interessierter Studenten in Oberfranken
- www.kgbier.de – Kampagne für gutes Bier

Hier auch die Links aus „Besser leben mit Bier":

- www.bayrisch-bier.de – Bayerischer Brauer-Bund e. V.
- www.belgianshop.com – Belgische Bierspezialitäten, Informationen, Versand, Souvenirs
- www.bier.de – Allgemeines zum Thema Bier
- www.bierclub.de – Club von Bierfreunden mit vielen interessanten Links und Informationen
- www.biergalerie.de – Verkauf von Bildern und Gemälden zum Thema Bier
- www.bierstrasse.de – Aischgründer Bierstraße in Franken
- www.biersuche.com – Europa weit alles rund um's Bier
- www.bierzapfen.de – Angebot von Schankanlagen und Zubehör für Profis und für zu Hause
- www.brauer-bund.de – Deutscher Brauer-Bund e. V.
- www.Die-Freien-Brauer.com – Interessens- und Wertegemeinschaft von 35 regionalen Privatbrauereien in Deutschland und Österreich
- www.doemens.de – Doemens e. V. in München: Akademie, Seminare, Technikum, Engineering und Gastrotechnik
- www.lahnsteiner-brauerei.de – Lahnsteiner Brauerei, die schönste Brauerei von Oberlahnstein
- www.vlb-berlin.org – Versuchs- und Lehranstalt für Brauerei in Berlin
- www.wzw.tum.de – Wissenschaftszentrum Weihenstephan für Ernährung, Landnutzung und Umwelt. Hier kann man den legendären „Diplom-Ingenieur für Brauwesen und Getränketechnologie" erwerben.

Literaturtipp zum Bier: Die „Bierzauberer"-Romane von Günther Thömmes

Die Kunst des Bierbrauens erlernten große Teile der Menschheit viele Generationen lang, bevor ihnen auch die Kunst des Lesens und des Schreibens zugänglich wurde. Beide Künste, Lesen und Schreiben, erfreuen sich wachsender Beliebtheit. Immer mehr

Günther Thömmes,
Autor der Bierzauberer-Romane

Menschen greifen zur Feder und veröffentlichen Bücher, sodass die Leserschaft mittlerweile über eine immense Auswahl verfügt. Doch trotz dieser immensen Auswahl und trotz der immensen Tradition des Bieres blieb exakt hier bislang eine gewaltige Lücke weit geöffnet – es gab keinerlei historische Romane über das Bier.

Diese Lücke zu schließen machte sich Kollege Günther Thömmes, gelernter und in Weihenstephan studierter Bierbrauer wie der Autor selbst, vor wenigen Jahren in höchst erfolgreicher Weise auf.

Alles begann im Jahre 2008 mit dem Erscheinen des Werkes „Der Bierzauberer", erschienen im Gmeiner Verlag, Meßkirch, von dessen Internetpräsenz www.gmeiner-verlag.de auch die Fotos dieses Kapitels stammen. Der Bierzauberer entpuppt sich als historischer Roman aus Deutschland um das Jahr 1300. Die ersten Brauereien und das gefahrvolle Leben zwischen Hungersnöten, Seuchen und Kriegen im Mittelalter sind hier verpackt in eine spannende Geschichte um den „Bierzauberer" Niklas von Hahnfurt und seine Familie.

Diese unterhaltsame wie informative Art des Schreibens führt Günther Thömmes weiter in „Das Erbe des Bierzauberers" mit dem Leben des kaiserlichen Hofbrauers Georg Esposito und der Entstehung des Reinheitsgebots von 1516 [56, 57]. „Die Rache des Bierzauberers" spielt Mitte des 16. Jahrhunderts und schildert die Mühen der Bierbrauer am Beispiel der Familie Knoll in und nach dem 30-jährigen Krieg [37]. Die Zerstörung von Feldern, Wirtshäusern und Braustätten, der Tod vieler Menschen, Armut, Krankheit und Hunger machen das Bierbrauen zu dieser Zeit oft unmöglich oder zwingen die

Die „Bierzauberer"-Trilogie

Brauer zumindest zur Improvisation mit den Rohstoffen, die eben gerade verfügbar sind. Das Reinheitsgebot wird als Folge der harten Realität für Jahrzehnte zurück aufs Papier verbannt.

Ein vierter und letzter „Bierzauberer" ist geplant, der zur Zeit der Industrialisierung der Brauereien im 19. Jahrhundert spielen wird. Männer, wie die auch hier beschriebenen von Linde und Pasteur, leiten die Bierbrauer auf den Weg zur modernen Industrie.

In jedem Fall sind die Bierzauberer genau das Richtige für alle, die zum einen Unterhaltung und Kurzweil suchen, dies zum anderen aber gerne mit der Erweiterung ihres Horizonts über das Leben der Menschen zu verschiedenen Zeiten, über die Geschichte dieser Zeiten und nicht zuletzt über die zauberhafte Rolle des Bieres in alledem verknüpfen.

Inzwischen gibt es den „Bierzauberer" übrigens auch ganz leibhaftig: Im Frühjahr 2010 eröffnete Günther Thömmes die kleine Erlebnisbrauerei „Bierzauberei" in Brunn am Gebirge, am Rand des schönen Wienerwalds. Dort braut er obergärige Bierspezialitäten, versucht aber auch gelegentlich, historische, ausgestorbene Biersorten wieder zum Leben zu erwecken und freut sich über bierinteressierte Besucher.

Mehr zu Günther Thömmes und dem Bierzauberer unter www.bierzauberer.info

Der städtische Ziegenbock

Viele Volkssagen sind uralt, wurden über Jahrhunderte hinweg mündlich weitererzählt und zeugen vom tiefen Verlangen des Menschen, bedenkenswerte Dinge zu tradieren und zu erhalten. Aber auch in jüngerer Zeit geschieht das eine oder andere, was lohnenswert zu erzählen ist und was zeigt, dass der Mensch gerade in seiner Dummheit und Einfältigkeit durchaus beachtenswert und liebenswert ist, ja, dass wir mit ihm lachen und leiden können.

In der ersten Hälfte des 20. Jahrhunderts passierte den Niederlahnsteinern kurz vor der unseligen Machtübernahme durch die Nationalsozialisten etwas, was ihnen nicht nur den Spott der Oberlahnsteiner und der Braubacher eintrug, sondern auch all derer, die in der Folge davon hörten.

Im Sommer des Jahres 1932 verstarb der städtische Ziegenbock, Stammvater vieler Niederlahnsteiner Ziegenkinder. Er hatte seinen Stall neben dem alten Spritzenhaus in der Langgasse, dem heutigen städtischen Bauhof. So beschloss der Stadtrat, für die damals noch zahlreichen Ziegen in der Stadt einen neuen Bock anzuschaffen.

Sehr schnell wurden diesbezügliche Verhandlungen mit einem Bauern in Dachsenhausen mit dem Ergebnis abgeschlossen, dass mehrere Mitglieder aus dem Stadtrat Niederlahnsteins das Tier selbst dort abholen wollten, nicht zuletzt um der Stadt Kosten zu ersparen. Wahrscheinlich aber auch, um einmal einen schönen Ausflug aufs Land zu machen. Der Bürgermeister, er hieß Rustenbeck, war hiermit einverstanden und so begaben sich an einem strahlenden Sommernachmittag im August 1932 drei würdige Herren des Stadtrates mit einem Pferdefuhrwerk, das freundlicherweise von einem Gemüsehändler zur Verfügung gestellt worden war, mit 100,- Mk. aus der Stadtkasse in der Tasche auf den Weg nach Dachsenhausen. Das war für damalige Verhältnisse eine große Summe Geldes.

Es war, wie man sicherlich erahnen kann, ein glühend heißer Tag, und als man nach mehr als zweistündiger Fahrt endlich am Ziel anlangte, führte der Weg der Reisenden natürlich zunächst einmal in die nächste Gastwirtschaft. Wegen der allzu großen Hitze beschloss man vorerst gar nichts zu unternehmen und erst einmal in Ruhe abzuwarten. Da man jedoch schlecht die ganze Zeit über bei einem Bier sitzen konnte und vielleicht auch nicht wollte, bestellte man ein zweites, dann ein drittes. Man kennt das ja!

Inzwischen hatte es sich im ganzen Dorf herumgesprochen, dass im Wirtshaus drei Fremde mit großen Spendierhosen säßen, die bereitwillig das ganze Lokal freihielten.

So wurde es langsam Abend, draußen ging die Sonne unter, ein warmer, schöner Augusttag neigte sich seinem Ende zu. Drinnen aber wurde die Stimmung immer lustiger und fideler. Wer dachte da noch an einen Ziegenbock, wenn der edle Gerstensaft floss und immer durstige Kehlen immer mehr danach verlangten, bis man gegen Mitternacht, vereint und im Vollrausch selig schlummernd, unter den Tischen lag?

Es war ein Bild für die Götter!

Zuhause befürchtete man inzwischen das Schlimmste, denn es waren schlechte Zeiten, Arbeitslosigkeit und Armut überall,

Illustration © Ann-Kathrin Hahn

und es war nicht ratsam, mit so viel Geld oder einem teuren Ziegenbock auf dem Wagen im Dunkeln auf einer einsamen Landstraße herumzufahren.

Da endlich, am frühen Morgen, im Osten wurde es langsam hell, trafen die Stadtverordneten in Niederlahnstein ein. Natürlich ohne Ziegenbock. Wie nasse Mehlsäcke lagen sie auf dem Wagen, kaum eines Wortes fähig und vor sich hinschnarchend. Das Pferd hatte allein seinen Weg zurück in seinen Stall gefunden.

Jetzt war guter Rat bei den Beteiligten teuer. Als sie endlich aus ihrem Vollrausch erwachten, kam die große Ernüchterung. Man hatte die gesamten 100.--Mk. aus der Stadtkasse verjubelt. So saß man beisammen, mehr oder weniger sprachlos. Das Geld aus eigener Tasche zu ersetzen, war nicht möglich, ohne dass es der jeweilige „Hausdrachen" bemerken würde.

Offenbar hatte man zuhause am Küchentisch weniger Courage als am „Grünen Tisch", denn man erzählte, nachdem man sich mühsam wieder herausgeputzt hatte, dem erstaunten Bürgermeister, der Ziegenbock sei ihnen unterwegs im Dunkeln auf der Fahrt nach Braubach plötzlich aus dem Wagen gesprungen und in den nahen Wald entflohen.

Der Bürgermeister indes kannte seine Pappenheimer nur zu gut. Ein Anruf in Dachsenhausen genügte, um die peinliche Wahrheit herauszufinden: Der Ziegenbock stand noch immer friedlich bei seinem Bauern im Stall!

Was man heute nicht mehr weiß, ist, ob der Bürgermeister, wie von einer Quelle berichtet, ob dieser Ungeheuerlichkeit fürchterlich tobte, oder ob er sich insgeheim köstlich amüsierte, wie eine andere Quelle behauptet.

Klar war, dass von der ganzen Geisenbockgeschichte nichts an die Öffentlichkeit dringen durfte. Und genauso klar war, dass man, nachdem man die Sache mit der Ziege nun einmal angefangen hatte, nicht damit aufhören konnte. Also schickte man erneut drei Ratsmitglieder nach Dachsenhausen, darunter eine Frau, weil man dachte, dass dann alles ein klein wenig gemäßigter ablaufen würde. Um so mehr, als diese Frau mehr als zwei Zentner wog.

So machte man sich erneut auf den anstrengenden Weg nach Dachsenhausen, und alle Welt war überzeugt, dass dieses Mal die Dinge rechtens ablaufen würden. Es sah zunächst auch so aus! Der Ziegenbock wurde gekauft, sofort bezahlt und man begab sich eingedenk der bösen Erfahrung, die die Kollegen bei der ersten Fahrt gemacht hatten, unverzüglich auf die Heimreise.

Aber auch dieses Mal war es ein drückend heißer Tag, wie überhaupt der ganze Sommer 1932 drückend und heiß war. So gelangte man schließlich in Braubach an, und obwohl normalerweise der Lahnsteiner seinem Pferd die Sporen gibt, um Braubach möglichst schnell zu verlassen, war es diesmal doch so, dass gerade eben dieses Pferd, dass den Wagen mit dem Ziegenbock drauf und zudem die zwei Zentner schwere Abgeordnete schleppte, dringend Wasser benötigte. Man beschloss deshalb gegen den Einspruch der dicklichen Stadtverordneten eine kurze Rast einzulegen, denn schließlich war ja alles in Ordnung, der Ziegenbock war bezahlt und alles, was man jetzt zu sich nahm, musste aus der Privatschatulle beglichen werden. Der so arg gebeutelte Stadtsäckel jedenfalls war nicht gefährdet.

Also suchte man die nächste Gastwirtschaft auf, tränkte das Pferd und ließ selbiges mit Wagen und Ziegenbock darauf im Hof zurück.

Nur dass es mehr als nur eine halbe Stunde wurde, erheblich mehr sogar. Es war kühl in der Gastwirtschaft, die Braubacher waren netter, als man angenommen hatte und bei noch kühlerem Bier vergingen einige Stunden. Gegen zehn Uhr abends war man endlich so weit, um weiterzufahren. Nicht mehr ganz nüchtern waren sie, alle drei, aber noch so nüchtern, die Heimfahrt selbst antreten zu können, was sie von ihren Vorgängern unterschied.

Doch wie groß war das Erschrecken, als sie zum Fuhrwerk im Hof kamen: Dort stand zwar das Pferd noch friedlich vor seinem Wagen und döste vor sich hin, als habe es selbst einige Biere getrunken, aber: Der Ziegenbock war weg. Spurlos verschwunden! Wie in Luft aufgelöst!

Zunächst glaubte man an einen bösen Scherz. Von einem Braubacher an ehrbaren Lahnsteiner Bürgern verübt. Doch als eine eilige Suche nicht zum erwünschten Ergebnis führte, sah man sich genötigt, den Stadtpolizisten zu informieren. Der fand nach kurzer Befragung heraus, dass vor kurzer Zeit jemand mit einer Ziege durch den alten Stadtkern in Richtung Rhein marschiert sei.

Voller böser Ahnungen verfolgte man diese Spur und machte am Rheinufer eine grausige Entdeckung: Von ruchloser Mörderhand hingeschlachtet hatte der junge Ziegenbock, möglicher Stammvater einer neuen Niederlahnsteiner Ziegengeneration, sein hoffnungsvolles Leben beendet. Nur wenige Überbleibsel lagen im Rheinkies verstreut. Von den Tätern und dem Rest des Ziegenbockes aber fand sich weit und breit keine Spur.

Fassungslos, sprachlos und kleinlaut trafen die drei kurz nach Mitternacht zuhause in Niederlahnstein ein, wo man, auch das muss gesagt werden, inzwischen schon wieder mit dem Schlimmsten rechnete. Dieses Mal gab es keine Ausreden. Entsprechend war am nächsten Morgen der Empfang im Rathaus. Was hier – und das nun zum zweiten Mal – passiert war, das überstieg nach Meinung des Bürgermeisters die höchste Toleranzgrenze. Selbst der weltbekannte rheinische Humor konnte hier nicht mehr helfen. Welch eine Blamage? Und gleichzeitig: Welch eine Belastung für den städtischen Haushalt. Der Bürgermeister sah sich in seiner Panik schon selbst verhaftet. Wegen mangelnder Dienstaufsicht, verhaftet und eingesperrt bei Wasser und Brot. Und das für mindestens drei Jahre, wenn nicht gar lebenslänglich.

Es war klar: Auch diese Angelegenheit musste, um Schaden von der Stadt und sich selbst fernzuhalten, geheim gehalten werden. Es war nicht daran zu denken, was passieren würde, wenn die vorgesetzte Dienstbehörde in St. Goarshausen davon Kenntnis erlangen würde. Also beschloss man allerhöchstes Stillschweigen. Den Transport eines neuen Ziegenbockes nach Niederlahnstein überließ man Leuten, die davon etwas verstanden.

So hätte die Geschichte enden können. In Demut der Betroffenen und im schalkhaften Lächeln derer, die davon wussten, sich aber zum Stillhalten verpflichtet sahen. Aber gerade der Rheinländer hat einen eigenen Humor. Nachdem einige Monate vergangen waren, ohne dass irgendjemand auch nur irgendein Wort über die leidige Geschichte verloren hätte, kam die Fastnachtssession 1933. Und dort galt alles Stillhalten nicht mehr. „Die Beschlussfassung über den Ankauf eines neuen städtischen Ziegenbockes nebst der folgenden Entwicklung" wurde dort in aller Öffentlichkeit und zur Erheiterung der Gäste breit ausgewalzt. Die Narrhalle stand Kopf. Und da diese Geschichte schnell über Lahnstein hinaus ihre Runde machte, wurde der Niederlahnsteiner Stadtrat ebenso schnell zum Gespött aller Nachbarstädte. Nicht wenige Bürgermeister riefen an, um der Stadt einen Ziegenbock zum Verkauf anzubieten. Selbst der Oberlahnsteiner Bürgermeister ließ es sich nicht nehmen, seinem verehrten Kollegen Rustenbeck, der fortan Ziegenbeck genannt wurde, Trost und Mitgefühl auszusprechen. Der Bürgermeister und sein Stadtrat hatten eine schlimme Zeit. Aber auch die verging, denn kurz hiernach sollte eine weitaus schlimmere folgen.

So zeigt uns auch diese Geschichte, dass gegen menschliche Torheit nur selten ein Kraut gewachsen ist und dass es besser ist, über diese Torheit zu lachen, als sie geheimhalten zu wollen.

aus: Lahnsteiner Volkssagen, Friedhelm Hahn, Imprimatur Verlag

Noch besseres Schlusswort mit Bier

Das Schöne am Bier ist, dass es die Menschen unterhält und verbindet, dass es zu Diskussionen anregt, dass es sich in immer neue Rezepte und Ideen wandelt und entwickelt, dass es ein uraltes Prinzip und dennoch nicht auszureizen ist und dass es auch die Fantasie anregt.

Lassen Sie, liebe Leser, Ihrer Fantasie und Kreativität freien Lauf.

Schreiben, mailen, faxen oder sagen Sie mir, was Sie von diesem Buch halten, was Sie mit ihrem Bier erlebt haben, was Sie schon immer über das Bier wissen wollten, was Sie gerne lesen würden, und eines Tages werden wir daraus ein Werk verfassen, das da heißen wird:

„Noch viel besser leben mit Bier"

Zuschriften bitte an:

Dr. Markus Fohr, Birkenweg 16, 56112 Lahnstein
Tel. 02621-9174-31, Fax 02621-917434, Mobil 0171-7841954
email fohr@lahnsteiner-brauerei.de

Noch mehr Literaturverzeichnis

1   Hofbauer, A.: Zauberei aus dem Sudkessel. In: Brauindustrie 93 (2008) Nr. 5, S. 3

2   N. N.: Wussten Sie schon. In: Brauwelt 150 (2010) Nr. 1 / 2, S. 9

3   Zangrando, T.: Wie der pH zu seinem Namen kam. In: Brauwelt 150 (2010) Nr. 1 / 2, S. 9

4   N. N.: Wussten Sie schon. In: Brauwelt 150 (2010) Nr. 5 / 6, S. 124

5   Schunk, G.; Wolf, H.-D.: Das kleine Bierquiz. Hutter Trade GmbH & Co. KG, Günzburg, 2009

6   N. N.: Wussten Sie schon. In: Brauwelt 150 (2010) Nr. 9 / 10, S. 257

7   http://www.muenchen.de/verticals/GastroGuide/Biergarten-Special

8   Orbach DN, Veselka N, Dzal Y, Lazure L, Fenton MB (2010) Drinking and Flying: Does Alcohol Consumption Affect the Flight and Echolocation Performance of Phyllostomid Bats? PLoS ONE 5(2): e8993. doi:10.1371/journal.pone.0008993

9   Hellex, R. E.: Bier im Wort. Verlag Hans Carl, Nürnberg 1981

10   N. N.: Wussten Sie schon. In: Brauwelt 150 (2010) Nr. 31 / 32, S. 936

11   N. N.: Wussten Sie schon. In: Brauwelt 150 (2010) Nr. 41, S. 1228

12   N. N.: Wussten Sie schon. In: Brauwelt 150 (2010) Nr. 42, S. 1290

13   Bordthäuser, S.: Bier hat Besseres verdient – ein Loblied. In: Welt Online http://www.welt.de/lifestyle/article4691005/Bier-hat-Besseres-verdient-ein-Loblied.html

14   Mathar, F.: Köber, noch e Kölsch. Greven Verlag, Köln, 1996

15   N. N.: Wussten Sie schon. In: Brauwelt 151 (2011) Nr. 3, S. 86

16   Seidl, C.: Ein Prost auf Arthur. In: Getränkefachgrosshandel (2009) Nr. 9, S. 66

17   Kleppien, B.: Presseinformation des Deutschen Brauer-Bundes e. V., Bonn (heute Berlin), vom 20. April 2004

18   Lutz, Ch.: Mensch und Pilz, Seminar des Lehrstuhls für Spezielle Botanik der Universität Tübingen, Wintersemester 2000/2001, www.chrissilutz.de

19   Aeschbach-Hertig, W.: Physik aquatischer Systeme I, Universität Heidelberg, 2005/06

20   http://chemie7b2002.tripod.com/christin_karre.html

21   N. N.: Herausragende Kulturpflanze Bayerns. In: Brauwelt 149 (2009) Nr. 30 / 31, S. 848

22   Kappler, S.; Jahl, E.; Krottenthaler, M.; Becker, Th.: Nicht nur für Bier – Einsatz von Hopfen außerhalb der Brauerei. In: Brauindustrie 96 (2011) Nr. 1, S. 25 – 27

23   Bankhofer, H.: Hopfen – Heilpflanze des Jahres 2007. In: Landesschau Rheinland-Pfalz, SWR Fernsehen in Rheinland-Pfalz, 22.08.2007, 18:45 Uhr, im Archiv unter www.swr.de

24   N. N.: Hopfen und Bier als Heilmittel. In: Daheim und unterwegs, WDR Fernsehen, Dienstag, 28. September 2004, im Archiv unter www.swr.de

25   N. N.: Medizinische Forschung zum Hopfen. In: Hopfenrundschau International 2010 / 2011, S. 71

26   N. N.: Hopfen- und Biermarkt auf das Engste verknüpft. In: Brauwelt 150 (2010) Nr. 21 / 22, S. 614 – 615

27   Huhnholz, M.-O.: Bier kann bei Erkältungskrankheiten helfen. Pressemitteilung des Deutschen Brauer-Bundes e. V., Berlin, 18.01.2010, zum Download unter www.deutsches-bier.net/presse/suchen.php3

28   Thanner, V.: Das große Buch vom Hopfen. Walter Hädecke Verlag, Weil der Stadt, 2009

29   Kalinowski, R.: Pasteurisieranlagen – 130 Jahre Entwicklungszeit zur Eliminierung des Heißhalters? In: Brauindustrie 90 (2005) Nr. 5, S. 30 – 33

30   N. N.: Getränkemarkt im Wandel. In: Brauindustrie 93 (2008) Nr. 10, S. 66 – 68

31   http://www.kirchheimbolanden.de

32   Schiffner, K.; Wejwar, S.: Bier kombiniert – das passende Bier zu jeder Speise. Österreichischer Agrarverlag, Wien, 2010

33   Stubbs, B. J.: Captain Cook's beer: The antiscorbutic use of malt and beer in late 18th century sea voyages. In: Asia Pacific Journal of Clinical Nutrition (2003), Nr. 12, S. 129 – 137

34   Price, A. G. (Hrsg.): Captain James Cook. Entdeckungsfahrten im Pazifik. Die Logbücher der Reisen von 1768 – 1779. Horst Erdmann Verlag, Tübingen, 1971, S. 171 – 172

35   Piendl, A.: Biere der Welt Band 1: Australien und Ozeanien. Fachverlag Hans Cael, Nürnberg, 2001, S. 39

36   N. N.: Schwimmder Sud – Erste Brauerei auf einem Kreuzfahrtschiff. In: Brauindustrie 95 (2010) Nr. 6, S. 10 – 14

37   Seidl, C.: Mit Bier beginnt die Kultur. In: Getränkefachgroßhandel (2008) Nr. 11, S. 50

38   Thömmes, G.: Der Fluch des Bierzauberers. Gmeiner Verlag GmbH, Meßkirch, 1. Auflage 2010, S. 281

39   Erhardt, H.: Noch'n Buch. Genehmigte Lizenzausgabe für Verlagsgruppe Weltbild GmbH, Augsburg, 2007, Umschlaginnenseite

40   Huhnholz, M.-O.: Maßvoller Biergenuss kann gegen Osteoporose vorbeugen. Pressemitteilung des Deutscher Brauer-Bund e. V., Berlin, 21.01.2010, zum Download unter www.deutsches-bier.net/presse/suchen.php3

41   Casey, T. R.; Bamforth, C. W.: Silicon in beer and brewing. In: Journal of the Science in Food and Agriculture 90 (2010) Nr. 5, S. 784 – 788

42   Huhnholz, M.-O.: Moderater Biergenuss kann Krebsrisiko mindern. Pressemitteilung des Deutscher Brauer-Bund e. V., Berlin, 22.01.2010, zum Download unter www.deutsches-bier.net/presse/suchen.php3

43   http://www.welt.de/gesundheit/article9429243/Saufen-soll-gesuender-sein-als-voellige-Abstinenz.html

44   Huhnholz, M.-O.: Hopfen – Einsatz beim Bier und darüber hinaus. Pressemitteilung des Deutscher Brauer-Bund e. V., Berlin, 19.01.2010, zum Download unter www.deutsches-bier.net/presse/suchen.php3

45   http://www.focus.de/gesundheit/ernaehrung/geniessen/tid-7530/gerstensaft-mythen_aid_134167.html

46   Busch, M.: 75 Jahre und topfit. In: Deutsche Getränke Wirtschaft 2010 Nr. 3, S. 44

47   Weitlaner, W.: Kein Alokohol für Bierblick nötig. Aus: http://www.pressetext.at/news/050430010/kein-alkohol-fuer-bierblick-noetig/

48   URL: http://www.welt.de/print-wams/article136812/Ernaehrungsexperte_empfiehlt_Alkohol_gegen_Kater.html

49   Poppelreuter, S., Bergler, R.: Ursachen jugendlichen Alkoholkonsums. In: Die Rolle der Eltern, Regensburg 2007, S. 39

50   http://www.spiegel.de/sport/sonst/0,1518,706086,00.html

51   Lennartz-Lohrengel, B.: Ratgeber Training-Ernährung-Regeneration des Lang- und Ultralangläufers. Verlag Werbung um Sport, Lohmar, 2001, S. 37-38 und 67-68

52   Lenzen, W.: Magische Ziele. Lauf- und Ausdauersportverlag, Regensburg, 2007, S. 167-168

53   http://www.greekfood.ch/produkte/marathon_bier.php

54   http://www.hutthurmer.de/html/marathondrink.html

55   Seidl, C.: Reines Bier? Sauberes Bier wäre schon gut. In: Getränkefachgroßhandel (2008) Nr. 12, S. 50

56   Thömmes, G.: Der Bierzauberer. Gmeiner Verlag GmbH, Meßkirch, 1. Auflage 2007

57   Thömmes, G.: Das Erbe des Bierzauberers. Gmeiner Verlag GmbH, Meßkirch, 1. Auflage 2009